Eva Jaeggi

Liebe lieber ungewöhnlich

Eva Jaeggi

Liebe lieber ungewöhnlich

Walter Verlag

Die Deutsche Bibliothek – CIP-Einheitsaufnahme

Jaeggi, Eva:
Liebe lieber ungewöhnlich / Eva Jaeggi. –
Düsseldorf; Zürich: Walter, 2002
ISBN 3-530-40132-3

Umschlaggestaltung: Groothuis, Lohfert, Consorten (Hamburg)
Satz: Fotosatz Moers, Mönchengladbach
Druck und Bindung: Clausen & Bosse, Leck
ISBN 3-530-40132-3
www.patmos.de

Für Karl-Heinz,
der Liebesgeschichten lieber lebt als liest.

Inhalt

Vorbemerkungen

Schon wieder ein Buch über die Liebe? Ich möchte mit diesem Buch einen Versuch wagen, der zwischen einer Theorie der Liebe und literarischen Darstellungen von Liebesgeschichten angesiedelt ist. Motiviert wurde ich dazu durch ein Ungenügen an psychoanalytischen Liebestheorien einerseits und andererseits auch durch den Zweifel darüber, ob ich diese Geschichten (die allesamt tatsächlich passiert sind) auch wirklich als »Liebesgeschichten« bezeichnen kann – wenn man die Kriterien der Theorien zugrunde legt. Ich habe mich schließlich – versuchsweise – entschlossen, diese Geschichten, einigen Einwänden zum Trotz, als Liebesgeschichten aufzufassen und sie vor dem Hintergrund meines psychoanalytischen Theorie-Wissens zu analysieren, vielleicht auch in Frage zu stellen.

Denn alle diese Geschichten sind »ungewöhnlich«, meist nicht mit einem befreienden Happy-End versehen, man würde sie auch oft nicht unbedingt als »glücklich« ansehen, obwohl sie genausowenig dem Klischee der »unglücklichen Liebe« entsprechen. Die Liebestheorien aber, die die Psychoanalyse anzubieten hat, scheinen manchem von dem, was ich erfahren habe, nicht gerecht zu werden. Schon Sigmund Freud hatte erwähnt, daß Dichter uns Theoretikern in vielen Belangen voraus sind, was die Erkenntnisse über das menschliche Seelenleben betrifft. Die Psychoanalyse hat oft einige der von Philosophen und Dichtern geahnten, öfter auch ausgesprochenen Vorstellungen von der Liebe verdichtet und systematisiert. Durch die Weiterentwicklung der Freudschen Ideen sind dann mehr oder weniger ausgereifte diverse psychoanalytische Theorien der Liebe entstanden. Aber wie es mit Theorien eben so geht: Diese Theorien in ihrer Kompaktheit lassen doch auch immer wieder Leerstellen entstehen, in die bestimmte Phänomene, die man aus der Dichtung oder aus dem eigenen Leben kennt und als Liebe bezeichnen möchte, nicht hineinpassen. Allzuoft wird nämlich ein Leitbild von der »richtigen«, der »reinen« Liebe sichtbar, die davon abweichende Formen von Liebe als defizitär erscheinen läßt. Dies aber scheint mir oft ungerecht.

In besonderer Weise wird in der Psychoanalyse Sexualität zu einem Prüfstein der Liebe gemacht. Die »richtige« Liebe zwischen erwachsenen Menschen zweierlei Geschlechts (die Geschlechterdifferenz ist in neueren Ansätzen, die der Homosexualität gegenüber milder gestimmt sind, nicht immer Voraussetzung!) ist stets verknüpft mit funktionierender Sexualität. Das mag zwar für viele Beziehungen stimmen, aber es scheint doch nötig, hier im einzelnen etwas genauer hinzusehen.

In den hier versammelten Geschichten, die ich alle als »Liebesgeschichten« bezeichnen möchte, ist recht oft das Element der Sexualität ausgespart, nicht gelebt, verwandelt oder in Ansätzen nur vorhanden. Trotzdem drängt sich mir in allen diesen Geschichten das Wort »Liebe« auf. Und dieses Wort sehe ich dabei nicht im traditionell eher unerotischen Sinne der christlichen Agape, sondern durchaus verbunden mit erwachsener Erotik und zumindest dem Drang nach Sexualität. Diesen Liebesgeschichten nachzugehen, sie auf die

Theoriebestandteile der Psychoanalyse hin zu untersuchen erschien mir daher lohnend. Nicht weil ich die psychoanalytischen Liebestheorien allesamt falsch finde, sondern weil ich Fragezeichen setzen will, wo sie mir zu dünn, allzu unzureichend vorkommen.

Ich kann nicht behaupten, daß ich viel mehr als Fragezeichen setzen kann. Ich hoffe natürlich, daß ich sie an der richtigen Stelle setze. Ich habe die Vorstellung – und dies durchzieht das ganze Buch –, daß einige theoretische Erweiterungen mir über das Phänomen Liebe mehr Klarheit verschaffen können. An erster Stelle steht dabei der Versuch, mit dem Konzept der Sublimierung zu operieren. Liebe, so heißt sozusagen das Motto dieses Buches, ist ein Kunstwerk und sollte auch mit ähnlichen Konzepten eingefangen werden, wie wir es in der Psychoanalyse mit Kunstwerken tun. Ob mir dies gelingt, das müssen die Leser entscheiden.

»Alles Finden ist ein Wiederfinden« – Liebestheorien der Psychoanalyse

Freud selbst hatte die Fähigkeit zur Liebe sehr eng an das sexuelle »Funktionieren« geknüpft, zumindest in seiner ersten Liebestheorie, die für manche Psychoanalytiker und auch für Laien bestimmend geblieben ist. Sie produziert in dieser Beziehung aber auch eine Reihe von Mißverständnissen. Sexualität ist nämlich bei Freud nicht unbedingt gleichzusetzen mit genitaler Sexualität. Sie ist abgeleitet von den ersten libidinösen Erfahrungen mit der Mutterbrust, später mit der erotischen Liebe zum gegengeschlechtlichen Elternteil, also von der ödipalen Liebe. Was Freud als Sexualität, manchmal auch als Psychosexualität bezeichnet, entspricht daher eher dem, was wir als »Liebe« ansehen, worauf Freud auch ausdrücklich hinweist. Wird die erwachsene Liebeswahl nicht genügend gut abgelöst von dieser ersten »Liebeswahl«, nämlich von den Eltern, dann allerdings entsteht schon eine Deformation der Liebe.

Diese Idee der Verbindung von frühkindlicher Liebeserfahrung mit dem Erwachsenenleben ist sicher eine der großen Entdeckungen der Psychoanalyse. Auch hier allerdings ist in der Dichtung der eine oder andere Gedanke vorweggenommen worden, aber in der gebotenen Systematisierung ist er doch erstmals bei Freud wirklich denkmächtig geworden.

Ein berühmtes Beispiel für diese Verbindung finden

wir zum Beispiel in Fontanes Roman *Effi Briest.* Nicht nur heiratet Effi einen Mann, der altersmäßig ihr geliebter Vater sein könnte, er ist außerdem noch der frühere Bewerber um die Hand ihrer Mutter. Es sind also alle Voraussetzungen dafür gegeben, daß Effi die Erfahrungen, die sie im Elternhaus gemacht hat, wiederholen wird. Wie man weiß, ist das allerdings gründlich schiefgegangen – einfach deshalb, weil Effi schließlich reifer geworden ist und der Vater-Ehemann längst nicht ihre Erwartungen erfüllen kann.

»Alles Finden ist Wiederfinden«, so lautet in diesem Zusammenhang ein berühmtes Wort von Freud. Jeder Mensch sucht die Verschmelzung mit der Mutter, die in der ersten Zeit seines Lebens in ihrer Urform im Mutterleib stattfand, gleichzeitig aber drängen ihn Wachstumskräfte auch zum Zerreißen dieser symbiotischen Verschmelzung. Daß bei diesem »Wiederfinden« nicht nur die Gefühle der pägenitalen Phase, nämlich Zärtlichkeit und ein sinnliches Wohlgefühl, sondern auch die ersten »Liebesobjekte« (also Vater und Mutter) in Gestalt von realen Personen gesucht (oder fantasiert) werden, mischt dem Spiel der Liebe seine berühmt-berüchtigten verwirrenden Gefühle bei.

Warum dies so verwirrend ist? Wahrscheinlich deshalb, weil Unvereinbares – nämlich Vereinigung und Trennung – immer wieder zusammen gesehen werden müssen, weil vielerlei Projektionen nötig sind, um sich das Liebesobjekt »passend« zu schneidern. Idealisierung und Entidealisierung müssen immer wieder neu aufgeboten werden, um einerseits das Gefühl der Liebe aufrechtzuerhalten, andererseits aber auch nicht in ihm zu ertrinken. All dies versieht schon die erste Liebe bei aller Seligkeit mit einem beklemmenden Gefühl.

Die geglückte Liebe, so meint Freud, ist eine Liebe ohne Neurose. Es muß bei ihr die Vereinigung allen Begehrens in einem Objekt möglich sein. Liebesgefühl und sexuelles Begehren müssen also zusammentreffen. Vorbedingung aber ist eben die Vereinigung prägenitaler Strebungen (eben jene der sinnlichen Wärme, der Freude am Körperkontakt) im Dienste des genitalen Begehrens sowie eine zwar tiefe Bindung an die ödipalen Objekte, aber nicht die Beschränkung darauf. Es muß also in der Kindheit eine starke Bindung an die Eltern vorhanden sein, damit später trotz der nötigen Ablösung auch das »Wiederfinden« der starken Gefühle möglich ist. So sind sowohl allzu starke als auch allzu schwache Gefühle zu den Eltern (den »ödipalen Objekten«) hinderlich im späteren Liebesleben.

Hier ist schon ein Liebesideal angelegt, das eng verknüpft ist mit den jeweiligen Vorstellungen, die auch in der Psychotherapie von einer »reifen« oder einer »durchanalysierten« Persönlichkeit herrschen.

Dieses Ideal sieht allerdings in den verschiedenen Stadien der psychoanalytischen Theoriebildung immer wieder ein wenig anders aus. Und: wie Freud in seinen späteren Jahren (*Die endliche und die unendliche Analyse)* konstatiert – es ist nicht erreichbar. Die alten Konflikte werden in der Liebe wie im Leben immer wieder neu akut – bestenfalls abgemildert durch die permanente Reflexion darüber.

Freud hat in einer zweiten Theorie der Liebe gezeigt, daß auch Selbstliebe sich in Liebe verwandeln muß, um zum gewünschten Ergebnis der Reife zu führen. Schon die Idealisierung des Liebesobjekts ist an die Selbstliebe gebunden: Man liebt das, was man selbst sein möchte, manchmal das, was man selbst zu sein glaubt. Indem man sich mit der geliebten Person (die man mit den gewünschten Eigenschaften ausstattet) identifiziert, verschwinden Neid und Eifersucht: Der Liebende hat nun teil an diesem Ideal der Vollkommenheit. Natürlich ist auch dieses Ideal nicht auf Dauer haltbar und wird nach einiger Zeit aufgegeben.

In seiner dritten Theorie geht Freud schließlich davon aus, daß der reife Mensch aus seiner Liebesbeziehung zerstörerische Ambivalenzen heraushalten muß, um eine Beziehung auf Dauer anlegen zu können. Schon der bloßen Beobachtung und Selbstbeobachtung zeigt sich, wie nahe verwandt Liebe und Haß oder auch Liebe und Indifferenz sind. Schriftsteller, diese Kenner des Liebeslebens, haben oft etwas davon geahnt, daß es sich bei der Liebe nicht nur um eine Himmelsmacht handelt. So schreibt Thomas Mann einmal in den *Buddenbrooks*: »... was man aber nicht ist, das eben ist es, worauf man mit jenem sehnsüchtigen Neide blickt, der zur Liebe wird, weil er sich fürchtet, zum Haß zu werden ...«

Hier zeigt sich wiederum recht deutlich, daß Freud Liebe eben doch immer wieder an die Triebe (Sexualität und Aggression) zu binden versucht, während in der zweiten Liebestheorie das Ich und damit die ganz bestimmte Person, die man liebt (sowie diejenige, die man selbst ist), eine sehr viel größere Rolle zu spielen scheint. Die Forderung nach Ambivalenzfreiheit mag überzogen klingen, sie ist aber wichtig, um laut Freud die Dauerhaftigkeit der Liebe zu gewährleisten.

Dies alles sind hohe Forderungen. Obwohl Freud selbst in anderen Teilen seines Werkes sich ein wenig von allen Utopien des »idealen« Menschseins distanziert (oder sie eben in den Bereich der utopischen Illusion verweist!), klingen gerade in bezug auf die Liebe andere Töne an: Es gibt die implizite Vorstellung von der »richtigen« Liebe, aus der die Unvollkommenheiten des Menschseins sozusagen »ausgemerzt« sind. Allerdings zeigt Freud im Aufsatz *Das Unbehagen in der Kultur* dann wieder sehr klar auf, daß die Liebe, wiewohl sie höchstes Glück verspricht, uns auch größtes Leid zufügt.

Karl Abraham, einer seiner Lieblingsschüler, entwickelte die Liebestheorie in einem recht idealisierenden Ton weiter. Schärfer noch als Freud sieht er den »genitalen Charakter« als das zu erstrebende Ideal an; wer dem nicht zu folgen vermag, kann auch nicht »richtig« lieben. Die »höchste« Stufe der Charakterbildung ist dann erreicht, wenn der Ödipuskomplex verarbeitet, destruktive Impulse gebändigt und der Narzißmus überwunden ist. Außerdem muß die Herrschaft des Lustprinzips gebrochen werden, Ambivalenzen dürfen sich nicht mehr auf das Liebesobjekt richten. Erst dann ist die volle Liebesfähigkeit erreicht – also ein wirklich erhabenes Ziel, das wohl noch nie ein Mensch auch nur annähernd erreicht hat.

Ambivalenzspannung, also das Miteinander guter und schlechter Gefühle gegenüber dem Geliebten, wie es wohl jeder Liebende erfährt, soll also endgültig überwunden werden – ein Postulat, das höchste Ich-Stärke voraussetzen würde und von Freud selbst in dieser Weise nicht verlangt wurde. Abraham aber formuliert all diese Postulate in den Begriffen einer genitalen Libidotheorie, so daß es unter der Hand doch wiederum die »geglückte Genitalität« ist, die die höchste Stufe der Liebesfähigkeit ausweist, weil nur der genitale Charakter mit seiner gut funktionierenden Sexualität dazu fähig ist.

Wilhelm Reich, ein Analytiker der zweiten Generation nach Freud, gab zwar dem »Charakter« als Konstrukt eine andere Deutung als Abraham, seine Vorstellung von Liebesfähigkeit übertraf allerdings sogar noch die von Abraham: Der wahrhaft Liebende hat keine neurotischen Schuldgefühle! Wie der Psychoanalytiker Bergmann, ebenfalls ein Liebestheoretiker, meint, sollte in der Reichschen Version der »genitale Charakter« fähig sein, alle Probleme von Sexualität und Loyalität zu lösen. Gesundheit, Liebesfähigkeit und Orgasmusfähigkeit scheinen in dieser Fassung der Psychoanalyse als eines.

Daß Orgasmusfähigkeit und psychische Gesundheit nicht unbedingt eins sind, ist aber lange bekannt. Im Gegenteil: Es gibt genügend schwere Bilder von Pathologie (»frühen Störungen«), wo gerade die funktionierende orgastische Fähigkeit zur Abwehr schwerwiegender Pathologie verwendet werden kann. So gibt es äußerst potente Personen, die ihre sexuelle Fähigkeit vor allem dann einsetzen, wenn sie sich leer, depressiv und verwirrt fühlen. Sexualität dient dann der Kompensation von persönlichen Mängeln.

An die Stelle der Orgasmusfähigkeit sind daher andere Bedingungen getreten, die anzeigen, wie »reif« eine Liebe ist.

Der große Psychoanalytiker Michael Balint, der stärker an der Praxis orientiert ist und zugleich pessimistischer als Freud in bezug auf die genitale Liebe scheint, gibt zu bedenken, daß nur die Kultur es ist, die uns zwingt, Liebe und Sexualität zu verschmelzen. Daher ist erwachsene Sexualität immer in Gefahr, auf eine niedrigere Stufe zurückzufallen. Dabei kann ein Überwiegen der Aggression in der Liebe entstehen oder – vielleicht noch häufiger – ein kindliches Verlangen nach dauernder Verschmelzung mit der geliebten Person. Gerade diese beiden Momente aber sind es, die durch die Forderungen der Kultur sowie durch die sogenannte »Beweglichkeit« der Libido dauernd unterbrochen werden und für Konflikte im Liebesleben sorgen. Diese »Beweglichkeit« der Libido (ein Ausdruck, den Freud selbst geprägt hat) ist verantwortlich dafür zu machen, daß Menschen immer wieder neue Liebesobjekte finden können. Dies aber ist eine Art Danaer-Geschenk: Einerseits muß sich jeder Mensch von den ersten geliebten Personen, den Eltern, abwenden können und seine Liebesfähigkeit an fremden Menschen »beweisen« – wenngleich ein Anklang an die frühen Bindungen (»Jedes Finden ist ein Wiederfinden«) wohl sehr oft vorhanden ist. Andererseits aber – und dies verlangen die meisten zivilisierten Gesellschaften – muß ein Mensch auch imstande sein, sich an eine einzige Person zu binden. Um diese Aufgabe zu bewältigen, bedarf es starker Kräfte im Ich. Menschen, die nicht über solche verfügen, bleiben auf der Stufe primitiver Don Juans stehen, schlimmstenfalls von Triebtätern, denen jedes Objekt für ihre Triebbefriedigung recht ist.

Genitalität und Liebe sind also auf eine sehr viel schwierigere Art und Weise miteinander verbunden, als man oft denkt. Orgasmusfähigkeit allein bedeutet noch längst nicht Liebesfähigkeit. Die Frage, ob ein Mensch ohne Orgasmusfähigkeit als liebesfähig begriffen werden kann, bleibt allerdings offen.

Nicht nur die Ichfunktionen sind an der geglückten Liebe beteiligt – auch das Über-Ich hat seinen gewichtigen Teil. Der Liebende muß verzeihen können, er muß mit dem Geliebten Mitleid empfinden können, er kann seine Liebe auch dann aufrechterhalten, wenn keine Erfüllung möglich ist. Natürlich ist letzteres sehr stark abhängig von der umgebenden Kultur – und dies ist es, was in den psychoanalytischen Theorien häufig vernachlässigt wird.

Liebesideologien

Liebe ist aber auch ein Produkt der Kultur – und dies nicht nur in einem ganz allgemeinen, sondern in einem sehr spezifischen Sinne. Natürlich gibt es Liebesgefühle – vor allem dann, wenn sie stark erotisch gefärbt sind –, die überall gleich sind und auch quer durch alle Zeiten und Kulturen ähnlichen Ausdruck finden. Dafür gibt es viele Beweise in Form wunderbarer Liebesgedichte aus allen Epochen. Es gibt aber auch so etwas wie eine spezifische »Kultur der Liebe« – und diese ist jeweils an die umgebende Kultur angepaßt und daher sehr variabel.

Wer könnte sich zum Beispiel in unserer Kultur noch mit der Heldin der Erzählung *Die Marquise* von George Sand identifizieren? Diese versagt sich die sexuelle Erfüllung mit einem jahrelang aus der Ferne geliebten Mann, weil sie, eine junge Witwe, mit einem ungeliebten Mann eine Affäre einging und sich daher des Geliebten nicht »würdig« fühlt. Die Vorstellung von der entehrten Frau, die ihre seelische Integrität ebensowenig wiedererlangen kann wie ihre körperliche, durchzieht bekanntlich bis in die Mitte des vorigen Jahrhunderts noch viele literarische Werke und spielte als mündliche Erzählung noch in meiner Kindheit in den fünfziger Jahren eine gewisse Rolle.

In der gleichen Erzählung von George Sand wird aber noch ein anderes Thema behandelt – wiederum eines, das zwar in vielen hochentwickelten Kulturen bekannt, aber eben doch nicht universell anzutreffen ist: das Thema der Verfeinerung eines Menschen durch die Liebe. Beide Protagonisten der Liebesgeschichte von George Sand gewinnen einen großen Zuwachs an persönlicher Reife, weil sie lieben, und vielleicht sogar dadurch, daß sie die letzte Erfüllung nicht suchen.

Es gibt noch andere Ideologien der Liebe, die kulturspezifisch verschieden sind. Dazu gehört zum Beispiel die »Man-liebt-nur-einmal«-Ideologie. Auch diese können wir in etlichen literarischen Werken nachweisen. Die leidenschaftliche Liebe von Frédéric zu Mme Arnoux in Flauberts *Lehrjahre des Gefühls* kann durch kein erotisches Abenteuer ersetzt werden; der Held des Buches bleibt bis zuletzt im Banne seiner unerfüllbaren Liebe. Ebenso ergeht es Harriet mit ihrem unerfüllt geliebten Ashley im Roman *Vom Winde verweht* von Margaret Mitchell. Auch andere Trivialliteratur jeder Couleur bestätigt diese These. Generationen von jungen Mädchen zwischen 1930 und 1950 haben sich z. B. angesichts der Liebe des »Seelchens« im Buch *Die Heilige und ihr Narr* von Agnes Günther die Augen ausgeweint. Undenkbar, daß das »Seelchen« je einen anderen als ihren Harro gewollt hätte.

Manchmal wird diese Ideologie auch an das erste sexuelle Erlebnis gekoppelt: Dem ersten Mann im Leben einer Frau gehöre auch die größte Liebe. Meist gilt übrigens diese Ideologie nur für Frauen – vermutlich angesichts der hohen Frauensterblichkeit in früheren Zeiten eine durchaus sinnvolle Ideologie.

Daß diese Ideologien auch das Bewußtsein der Liebenden beeinflussen, ist klar. Es ist gut vorstellbar, daß die Gefühle der Liebenden sich sehr oft »Ideologie-adäquat« gestalten, daß also z. B. der Verlust der »ersten Liebe« früher in vielen Fällen wirklich als nicht mehr ersetzbar erlebt wurde oder daß die verlorene Unschuld eine Frau dazu führte, sich eines aufrechten Mannes unwürdig zu fühlen.

Natürlich aber kann man solche Gefühle auch als individuelle ausdeuten. Sie können sogar als pathologische verstanden und vielleicht sogar in Psychotherapien behandelt werden. Bergmann meint dazu, daß man bei manchen Menschen das Gefühl habe, sie behandelten das erste erwachsene Liebesobjekt genau wie das inzestuöse – das heißt: Es bliebe einzigartig, diese Liebe sei nicht mehr wiederholbar. Oft hat man dabei leider das Gefühl, die sinnliche und die zärtliche Strebung bliebe dabei für immer voneinander getrennt. Bei den vorliegenden Geschichten gibt es durchaus Anklänge an diese Liebesform. Ungeklärt aber ist hier die Bewertung: Soll man die Tatsache, daß sich die zwei Strebungen (Sexualität und Zärtlichkeit) nicht vereinen, als ein Versagen des Ichs ansehen – oder ist es eine besondere Leistung, die man als Sublimierung kennzeichnen sollte? Könnte man dies vielleicht sogar als eine »höhere« Form von Liebe kennzeichnen – so wie dies ja auch in asketisch-religiösen Kulturen immer wieder versucht wurde?

Die Definitionen von Liebe und von Sublimierung scheinen also nicht ganz auszureichen. Daß Liebe nicht unbedingt mit genitaler Liebe zu tun hat, auch nicht mit Leidenschaft, wird auch im Alltag spürbar. Wie aber soll man die zärtliche Liebe zweier Erwachsener zueinander bezeichnen, die auf genitale Sexualität verzichtet zugunsten einer Ideologie oder Religion? (Bei den erzählten Geschichten in diesem Buch gibt es dafür ein sehr eindrückliches Beispiel.) Ist das fehlende Element des sexuellen Vollzugs und der sexuellen Leidenschaft ein Zeichen von Mangel? Doch wohl nicht. Ganz im Gegenteil setzt ja vielleicht dort erst die Sublimierung ein und gibt damit der Liebe eine hochwertige Qualität. Kernberg allerdings, einer der letzten und umfassendsten Theoretiker der Liebe, würde dem wohl kaum zustimmen. Seiner Auffassung nach sind es fünf Kriterien, die zusammenkommen müssen, um einen Menschen als liebesfähig auszuweisen. Es sind dies: 1. sexuelle Erregung, die auf einen anderen Menschen als erotisches Begehren gerichtet ist; 2. Zärtlichkeit, die libidinöse und aggressive Strebungen integriert und dabei Ambivalenz toleriert; 3. Identifizierung mit dem anderen; 4. eine reife Idealisierung des anderen und 5. Leidenschaftlichkeit.

Wenngleich die harte Forderung nach dem ambivalenzfreien Gefühl hier gemildert ist zu einer »Toleranz« der Ambivalenz, so scheinen doch auch diese Forderungen schwer zu erfüllen. Und auch hier wird die Vereinigung von sinnlicher und zärtlicher Strebung als eine wichtige Voraussetzung der Liebesfähigkeit angesehen.

Nebenbei bemerkt: Was eigentlich »Leidenschaft« ist, wird in dieser Definition (und im ganzen Buch) auch nicht klar. Ist es das, was in der Alltagssprache als »Leidenschaft« angesehen wird? Oder ist damit die »dauerhafte libidinöse Besetzung« einer Person gemeint? Man sieht: Das Phänomen »Liebe« ist noch längst nicht theoretisch ausgedeutet.

Liebe und Sublimierung

Als Sublimierung – ein in der Psychoanalyse nicht sehr scharf definierter Begriff, der aber dennoch auch in unserem Alltagsbewußtsein eine große Rolle spielt –, wird allgemein derjenige Vorgang angesehen, bei dem eine ursprüngliche Triebregung ihr Ziel (sexuelle Lust und Fortpflanzung) aufgibt und ein sozial wertvolleres Ziel verfolgt, wie Zepf es in seiner *Allgemeinen Psychoanalytischen Neurosenlehre* beschreibt. Es handelt sich also um einen Vorgang, in dem »unbewußt gewordene Triebregungen in bewußtseinsfähige und sozial konforme Ersatzbildungen eingebunden werden.« Es gelingt, wie Zepf fortfährt, den Menschen damit, ihre »unbewußt gewordenen Kindheitsdramen bewußtseinsfähig in Gestalt von Ersatzbildungen in die gängigen sozialen Verkehrsformen einzulassen«. Meist ist mit solchen Beschreibungen gemeint, daß Künstler ihre Konflikte in Form von Kunstwerken darstellen und bearbeiten.

Auch bei Melanie Klein wird der Bezug von Kindheit und sublimatorischem Akt gesehen. Der künstlerische Akt (also die Sublimierung) ist nach ihrer Theorie eine Wiederherstellung des ersten Liebesobjekts (Vater und Mutter), nachdem es in der kindlichen sogenannten »depressiven Phase« seiner Einmaligkeit entkleidet wurde und als sowohl gutes als auch schlechtes integriert wurde. Das dadurch entstehende Schuldgefühl soll durch den künstlerischen Akt besänftigt werden.

Läßt sich diese Theorie vielleicht auch auf diejenigen Aspekte der Liebe übertragen, die man als Sublimierung bezeichnen könnte? Und: Was ist damit überhaupt gemeint?

Melanie Klein und in ihrer Nachfolge später die Objektbeziehungstheoretiker gehen davon aus, daß ein ganz wichtiger Entwicklungsschritt des Menschen darin besteht, daß er einen anderen Menschen als ein Ganzes mit seinen guten und bösen Seiten wahrnehmen kann; damit ist der Gedanke der »Wiedergutmachung« nicht so fern. Der andere Mensch (zuerst meist Vater und Mutter) wird nämlich seiner Idealisierung entkleidet, allerdings damit auch der Verteufelung, die ihm das unreife Kind dann angedeihen läßt, wenn es enttäuscht ist. Daß die Eltern nun aber auch als Wesen mit eigener Konsistenz und eigenen Widersprüchen angesehen werden müssen, ist schwer zu begreifen. Mit Eindeutigkeiten kann sich unser Seelenapparat besser abfinden als mit Zweideutigem. Nicht nur das: Indem ich den anderen als ein zwiespältiges und nicht immer verläßliches Wesen erkenne, werde ich mir auch meiner eigenen Zwiespältigkeit bewußt. Dies wird zwar in früher Kindheit nur unter mühevollen Kämpfen erfahren, aber auch im Erwachsenenalter nicht leicht bewältigt. Immer wieder wird diese Position verlassen zugunsten einer strengen Dichotomie von Idealisierung und Entwertung. So bleibt es lebenslang eine Herausforderung, mit den Zwiespältigkeiten in uns selbst und in unserer Umwelt zurechtzukommen. Aber es ist ein grundlegendes Merkmal des Menschseins. Daß der geliebte andere auch als ein böses und schlechtes, ein versagendes Objekt gesehen und erlebt wird, erzeugt oft Wut. Will man aber die Liebe aufrechterhalten, muß man immer wieder nach Entschuldigungen suchen, man bietet sozusagen auch immer wieder neue Opfergaben an, um die eigenen bösen Gedanken und Impulse zu versöhnen.

Die Liebe selbst ist eine solche Versöhnungsgabe – aber wie bei aller Wiedergutmachung steckt auch darin immer wieder ein Körnchen Bitterkeit, das wiederum nach Wiedergutmachung verlangt, da unsere Liebe nie vollkommen ist, sondern immer wieder durch Ambivalenzen geprägt wird. Unsere Probleme mit der Liebe stammen zu einem Großteil von diesen Uneindeutigkeiten. Immer wieder gilt es zu versöhnen, immer wieder gilt es, die Versöhnungsgaben des anderen trotz ihrer Zwiespältigkeiten anzuerkennen und nicht zurückzuweisen.

Wie aber drückt sich das in den jeweiligen Liebesgeschichten aus?

Wird der (die) Geliebte auch in der ersten Phase idealisiert, so ist es doch erforderlich, die Aufhebung dieser Idealisierung zu einem späteren Zeitpunkt so zu gestalten, daß der (die) andere noch immer »intakt« bleibt (also nicht ganz und gar entwertet wird!) – und diese Arbeit wird eben recht unterschiedlich gestaltet. Nicht ohne Grund wird daher unterschieden zwischen Verliebtheit und Liebe – letztere braucht Zeit, muß sich im Alltag und über längere Frist bewähren. Ihre Triebkraft stammt nicht nur aus der Sexualität, sondern auch aus der Quelle der Sehnsucht nach Wiedergutmachung.

In besonders deutlichem Gestus beschreibt Heinrich von Kleist diese Wiedergutmachung in der *Marquise von O.* Rein triebgesteuert hat der russische Graf mit der ohnmächtigen Marquise ein Kind gezeugt, er hat sie also vergewaltigt und tut nachher alles, um seine Untat wiedergutzumachen. Von der Marquise aber wird er, als er sich stellt, als ein wahrer Teufel angesehen. Zwar heiratet sie ihn um des Kindes willen, aber sie will weiter von ihm nichts wissen und läßt sich ein Jahr lang von ihm umwerben, bevor er ein »zweites Ja-Wort« erhält. In dieser Zeit, so können wir mutmaßen, beginnt nun auch ihre Wiedergutmachung. Um der »gebrechlichen Einrichtung der Welt« willen, so drückt es Kleist aus, wird ihm verziehen. Wie schafft die Marquise das? Wir werden darüber nicht informiert, aber das Ergebnis erklärt sie uns (und ihrem Gemahl) im letzten Satz der Erzählung: Er sei ihr wie ein Teufel erschienen, weil er im ersten Moment des Kennenlernens sich ihr als ein Engel dargestellt habe. Wie könnte man schöner darlegen, daß zu einer echten Liebesbeziehung die Integration beider Aspekte nötig ist?

Die These von der Wiedergutmachung ist natürlich sehr abstrakt und faßt auch sicher nicht die ganze Wahrheit von Liebesbeziehungen. Konkrete Erzählungen können dort einspringen, wo die Abstraktheit des Begriffs die Tatbestände zu verdunkeln droht. Dies stellt den Kern dieses Buches dar: In den realen und konkreten Liebesgeschichten soll deutlich werden, wie gelebte Liebe aussehen kann, wie sie sich mit Liebestheorien zwar ein Stück weit erklären läßt, wie aber in vielen Belangen dann diese Theorien angesichts des lebendigen Lebens doch wieder fragwürdig werden.

Was hat zum Beispiel Käthe, eine der Protagonistinnen meiner Erzählungen, dazu befähigt, in der Geschichte des Dreiecks mit Freund und Schwester dem ungetreuen Verlobten zu verzeihen, so daß sie sich nach ihrem Zusammenbruch dazu aufraffte, eine Liebesbeziehung ohne Sexualität zu leben?

Und was hat Peter, den exilierten Wiener, der seinen »amour fou« fast mit seiner psychischen Gesundheit bezahlt hätte, befähigt, Carry in solch selbstloser Treue beizustehen bis zum Tod, obwohl seine wahnwitzige

Verliebtheit zum damaligen Zeitpunkt schon längst einem anderen Gefühl gewichen war?

Ich werde die einzelnen Erzählungen kommentieren und versuchen, jeweils nachzuspüren, welche Qualitäten des Individuums in jedem einzelnen Fall zum Tragen kommen, wenn man ihre Geschichte als eine »geglückte« betrachten will. Es interessiert mich also der jeweils individuelle Charakter der Handelnden, in dem sich ihre grundlegenden Motive spiegeln. Aber auch die individuellen Talente und Begabungen sollen als Träger von Liebesgefühlen betrachtet werden. In den von mir gesammelten Geschichten sind es oft intellektuelle und musikalische Talente, die wichtig sind, aber natürlich könnte man sich auch noch ganz anderes ausdenken. In der Erzählung von Doro und Louis, einem sehr ungleichen Paar, ist es die Lebensleichtigkeit von Louis, die diese Liebe trägt. Gerade solche Charaktereigentümlichkeiten können aber vom Neid des anderen erstickt werden.

Daß auch der Neid auf die ersehnten Qualitäten des anderen bei der Liebe eine Rolle spielt, hat Theodor Reik, ein Psychoanalytiker der zweiten Generation, in seinem Buch *Von Liebe und Lust* aufgezeigt. Ganz und gar im Sinne von *Der Widerspenstigen Zähmung* erläutert er, daß am Anfang großer Verliebtheit oft ein Ungenügen an der eigenen Person steht, ein Unwille, sich selbst zu akzeptieren. Der »andere« wird als jemand wahrgenommen, den man – unwillig – als einen Repräsentanten all derjenigen Eigenschaften ansehen muß, die man an sich selbst vermißt. Das begehrte Objekt wird daher zu Beginn oft sogar für längere Zeit abgewertet, drangsaliert – bis man merkt, daß Chancen bestehen, an dieser wunderbaren Person selbst teilzuhaben, also auch geliebt zu werden. Dann kann die Liebe »wie ein Blitz« einschlagen, und man fühlt sich selbst erhöht, lebendig und sozusagen als ein Teil der nunmehr geliebten Person. Bei Shakespeare wird dieser Prozeß in vielen Details sozusagen »auseinandergezerrt«. In der Realität geht all dies oft recht schnell vor sich und bleibt dem Bewußtsein entzogen.

Neuere Autoren haben für die Erklärung des künstlerischen Akts einen interpersonalen Zugang gewählt: Der kreative Vorgang entzündet sich am »anderen« und nicht in solipsistischer Einsamkeit. Nimmt man die verschiedenen – geglückten – Liebesformen in diesen Kreis auf, dann bekommt dieser Zugang besonders viel Relevanz. Wo könnte man besser die Bedeutung des anderen studieren als im zweiseitigen Geschehen der Liebe?

Liebe geschieht zwischen zwei oder mehreren Menschen. Die kreative Seite des Liebeslebens läßt sich nicht nur als eine einseitige Schöpfung betrachten, es sind zwei Personen mit ihren Biographien daran beteiligt, Liebe ist also eine Teamarbeit. Die Interaktion ist gleichzeitig das Schaffende und das Geschaffene.

Für die Liebe könnte man also sagen, daß das Kriterium für geglückte Sublimierung sich durch die Interaktion ergibt: Wenn der andere sich aufgehoben und getröstet fühlt, wenn er das Gefühl hat, er profitiere von der Beziehung, dann scheint die Liebesform der Kunstform nahezukommen. Musil sagt in den *Schwärmern* einmal sinngemäß, man müsse jede Beziehung danach beurteilen, ob man in ihr steige oder falle – ein Wort, das in dichterischer Form Sublimierung anzeigen könnte, so wie ja auch das echte Kunstwerk in Menschen etwas anrührt, was sie ein wenig über sich hinaushebt.

Nimmt man dazu noch die Aussage des französischen Psychoanalytikers Bela Grunberger, daß jede Liebe auch mit »erhebenden« narzißtischen Bestätigungen verbunden sein müsse, dann läßt sich mutmaßen, daß man den Begriff der Sublimierung für diesen Prozeß der »narzißtischen Erhebung« in der Liebe ebenfalls verwenden könnte. Denn es scheint doch klar zu sein, daß die Liebe in diesem Zustand oft zu ungeahnten Leistungen kreativer Art befähigen kann.

Es sind nicht nur die Talente im herkömmlichen Sinn wichtig, wenn man Liebesbeziehungen auf ihre Tauglichkeit hin betrachtet. Auch persönliche Charaktereigenschaften sowie die ganz spezifische Körperlichkeit spielen eine große Rolle.

Brigittes mädchenhaft-kindliches Aussehen oder Carrys blonde Zartheit in den folgenden Geschichten waren zum Beispiel wichtige Bausteine der Beziehung. Diese können – gleichsam als konditionierter Reflex – im Liebenden sinnliche Gefühle auslösen. In den einzelnen Geschichten soll daher immer wieder nachgeprüft werden, welche persönlichen Eigenarten sich in der jeweiligen »Sublimierungsarbeit« spiegeln.

Im Aufsatz Freuds *Das Ich und das Es* wird dem Begriff der Sublimierung nochmals eine neue Facette zugefügt, nämlich die Idee, daß die Aufgabe der Objektlibido mit Hilfe der narzißtischen Libido gelingt und damit eine Ichveränderung entsteht. Das klingt kompliziert und scheint für die Liebe gar nicht zu gelten. Ist denn nicht die Liebe eben gerade durch ein erhöhtes Maß an »Objektlibido« (also: ein gefühls- und triebgerichtetes Interesse am anderen) gekennzeichnet und nicht durch das narzißtische Interesse an sich selbst?

Vielleicht aber kann man diese Idee Freuds auch für

die sublimierte Liebe anwenden? Es bedarf ja wohl einer zeitweiligen Abwendung von der geliebten Person und einer Hinwendung zum eigenen Ich, um ins reine zu kommen mit dem, was zwischen mir und dem (der) Geliebten möglich und machbar ist, wenn die üblichen Routinen des Liebens nicht greifen. Erst die erneute Hinwendung zur geliebten Person führt dann zur »Erfindung« einer ganz spezifischen Liebesform. Wie auch im Bereich der Kunst gibt es mehr oder weniger originelle Formen der Liebe, es gibt sogar auch den »Kitsch«, das heißt eine Liebesform, die nur noch nachgeahmt wird und schlechten Vorbildern entlehnt ist, zum Beispiel Liebesformen, die irgendwelchen Medienvorbildern nachgelebt werden. (Ein drastisches Beispiel dafür wurde in einer Fernsehsendung gezeigt: Eine junge Braut wollte unbedingt die Hochzeit von Lady Di nachahmen und versuchte bis ins kleinste Detail Kleid, Hut, Bewegungen etc. wie ihr Vorbild zu gestalten.)

Daß Sublimierung zu einer Ichveränderung führt – und dies nicht im Sinne der Neurose –, scheint allen Autoren zufolge sicher zu sein. Ganz evident erscheint dies bei der Liebesleistung: Der Liebende wird sich seiner selbst bewußter, er wird sich auch seiner Gebrechen und seiner Möglichkeiten bewußt und holt sehr oft trotzdem viel mehr aus sich heraus, als vorher möglich schien. Nicht nur der erste erotische Rausch führt zur Kreativität und damit oft zu einer Veränderung der Möglichkeiten des Ichs; es ist das langsame Wirken der kreativen Arbeit in der Beziehung selbst, das vermutlich noch gründlicher und wirkungsvoller die Person verändert.

Der amerikanische Psychoanalytiker John Whitebook konstatiert einmal, daß – alles in allem – der Begriff Sublimierung, wenngleich für die Psychoanalyse wichtig, so doch theoretisch noch immer nicht gut genug gefaßt ist; man müßte den genetischen Prozeß (also: die Entwicklung) erst einmal verstehen, in dem biographisches Material in Kunst verwandelt wird.

In diesem Versuch über die ungewöhnlichen Liebesgeschichten soll eben auch dies probiert werden. Vor dem Hintergrund der Personen mit ihren Eigenarten soll gezeigt werden, wie im Prozeß des Liebens sich sublimierte Liebesformen herausgebildet haben; ob man das jeweilige Produkt als Sublimierung bezeichnen kann, also dem Kunstwerk gleichstellt, bleibt dem Leser überlassen. Auf jeden Fall sollte dies als Interpretationsfolie angeboten werden.

Ein weiterer Gedanke, der von den Theoretikern der Sublimierung formuliert wurde, sollte dabei auch noch eine Rolle spielen: Der Prozeß der Sublimierung ist, nach Ricœur und Castoriadis nicht nur als ein intrapsychischer zu verstehen; auch die extrapsychische Realität muß in Betracht gezogen werden. Im Falle der »Liebeskreativität« muß also die historische Form der Liebe, die Möglichkeiten, die Mann und Frau in einer Zeit, einer Kultur und in einer Schicht haben, einbezogen werden in einen kreativen Akt. Auf Ricœur aufbauend definiert daher Whitebook Sublimierung als einen »Grenzbegriff« zwischen Intrapsychischem und Extrapsychischem; das heißt: er ist nur im sozialgeschichtlichen Kontext zu erfassen.

Wenn man Liebesformen als Sublimierungsleistung betrachtet, dann gerät man sozusagen an einen dreifachen Schnittpunkt: Nicht nur das Intrapsychische und das Interaktionelle sind zu beachten, sondern auch das Extrapsychische. Die uns umgebende Kultur aber erlaubt jeweils mehr oder weniger kreative persönliche

Ausgestaltungen der Liebe. Nicht jede Liebesform ist als kreativ zu bezeichnen, und nicht jede Zeit ermöglicht es, eine solche auszuprobieren.

Heute scheint für viele ein solch kreatives Ausprobieren notwendig geworden zu sein. Die Lebensformen sind, wie man weiß, nicht mehr klar vorgegeben; Traditionen und Rituale des Zusammenlebens bestimmen uns nicht mehr in demselben Maß wie früher. In unserer modernen Zeit ist es allerdings in besonderer Weise für viele Menschen nötig, neue Lebensformen zu »erfinden«. Natürlich gab es diese Versuche auch in früheren Epochen, aber die Forderung war weniger verbreitet. Nicht jede Liebesform – auch nicht, wenn sie die Partner zufriedenstellt – ist eine kreative Leistung und daher vorwiegend unter dem Begriff der Sublimierung zu betrachten. Es gibt, wie auch in der Kunst, Epigonen. Von diesen sollte in diesem Buch nicht die Rede sein.

Allen Geschichten, die hier erzählt werden – und dies ist der gemeinsame Nenner –, fehlen einige der erwähnten Kriterien der Liebestheorien, und dennoch fragt man sich, ob es nicht auch andere Kriterien für die Liebe geben muß.

Die hier erzählten Geschichten sind also im Sinne vieler psychoanalytischer Liebestheorien »ungenügende« Geschichten, nicht »reif« genug, nicht vom »genitalen Charakter« ausgehend; vielleicht aber sind sie gar nicht so sehr »unreif«, wie sie eigentlich anhand der strenggenommenen Liebeskriterien sein müßten?

Und wiederum bietet die Theorie der Sublimierung Denkhilfen – diesmal mit Hilfe des Psychoanayltikers Loewald, der einer frühen Generation von Psychoanalytikern angehört. Er meint, daß man Sublimierung verstehen kann als die Auflösung einer undifferenzierten zugunsten einer differenzierten Einheit (im Sinne der Auflösung einer Mutter-Kind-Symbiose oder der Trennung von Ich und Es). Dadurch bekommt die sublimierte Liebesleistung nochmals eine andere Färbung, nämlich in Form einer höheren »lustvollen Spannung«, die eben gerade nicht, wie die Sexualität, nach purer Entladung drängt, sondern die bestrebt ist, sich aufrechtzuerhalten, indem sie sich immer besser differenziert und damit immer weitere Kreise zieht. Dies ist es, was Musil mit dem Wort »steigen« wohl auch meint, wenn er von der reifen Liebe spricht. Die liebenden Personen werden durch diesen Differenzierungsprozeß ihrer selbst immer besser gewahr, sie erreichen eine höhere Stufe von Aufmerksamkeit und Sensibilität. Die Partner gewinnen aneinander eine neue Realität und ein neues Gewahrsein ihrer selbst.

Die von mir gesammelten »ungewöhnlichen« Liebesgeschichten sollten unter dem Gesichtspunkt der Sublimierung vielleicht auch dazu beitragen, diesen schwer verständlichen Prozeß zu erläutern und einige Hinweise darauf zu geben, wie man ihn verstehen könnte, vor allem im Hinblick auf die Beispiele, bei denen Sexualität nicht oder kaum gelebt wird. Ist das ein Zufall? Oder könnte wirklich das Konstrukt der »Triebverschiebung« etwas Wichtiges treffen?

Es gibt natürlich die immer wieder erwähnten Gegenbeispiele: Künstler, so meint Freud, könnten nichts produzieren ohne gelebte Sexualität; Wissenschaftler allerdings, so sagt er, seien oft sexuell abstinent. Warum dies so sein soll, kann er aber nicht wirklich schlüssig erklären.

Daß hier sexuelle Energie in desexualisierte Energie verwandelt wird, wobei auch kreative Aggression und eine Menge an Abwehrreaktionen aufscheinen, scheint auf den kreativ arbeitenden Künstler recht gut zuzutreffen. Dem Liebenden selbst wird dies wohl konstruiert und wenig wirklichkeitsnah erscheinen.

Wie immer es mit der sexuellen Energie unter Liebenden auch beschaffen sein mag: Das Interesse der Leser von Liebesgeschichten richtet sich nicht direkt auf den »Untergrund« der Liebesszenen, also auf unbewußte libidinöse Quellen, sondern auf das, »was daraus gemacht« wird. »Das Unbewußte ist langweilig«, sagte mir einmal ein berühmter Psychoanalytiker in den USA. Klar: Es zeigt immer wieder denselben alten Adam mit seinen triebhaften Wünschen und egoistischen Tendenzen auf. Interessant aber ist es, was jeder individuelle Mensch daraus macht, wie sich diese »immer gleichen« Triebkräfte, gebrochen durch die verschiedenen Persönlichkeiten und Zeitumstände, spiegeln. Das macht es aus, daß man immer wieder interessiert zum Liebesroman greift. Es ist das Vertraute im Neuen, das uns ergreift. Wir spüren die bekannten und bei allen gleichen Triebkräfte und sind fasziniert davon, wie unterschiedlich sie von einzelnen verarbeitet werden.

Ob die verbotene Leidenschaft nur einen Ausweg kennt, nämlich den Liebestod wie bei *Romeo und Julia*, oder ob sie sich in einem lebenslangen sublimen Briefwechsel manifestiert, der alles offen Erotische ausschaltet wie bei den *Liebesbriefen einer Nonne* (Rilke) – das ist es, was den literarisch Interessierten immer wieder von neuem fesselt.

Es ist also das breite Spektrum der Erfahrungen, der Talente, der historischen Konfiguration, das einen Menschen dazu treibt, sich seiner Liebe in der einen oder anderen Art hinzugeben. Man kann – und das soll in diesem Buch geschehen – Liebe als ein Kunstwerk ansehen, das sehr viel Sublimierungsarbeit erfordert, um zu gelingen. Die vorliegenden Liebestheorien mit den in ihnen enthaltenen Kriterien für gelingende oder nicht gelingende Liebe sind sozusagen nur die »Folie«, auf der sich das Panorama der Liebesgeschichten ausbreitet. Keine der erzählten Geschichten ist eine herkömmliche Geschichte, vielleicht sogar eine mit Happy-End. Sie alle ermangeln der Qualität des behäbigen und letztlich zufriedenen Lebensgefühls, obwohl alle ein Stadium aufzeigen, in dem die Leidenschaft nicht mehr vorherrschend ist oder sogar nie vorgeherrscht hat.

Die Tatsache, daß moderne Lebensformen solche sind, die zu großen Teilen oft erst »erfunden« werden müssen, wie ich in meinem Buch *Liebesglück – Beziehungsarbeit* einmal formuliert habe, weil nämlich verbindliche Vorgaben in unserer Gesellschaft nicht mehr gemacht werden können, spiegelt das Ungenügen wider, das man bei manchen Liebestheorien empfindet. Allzusehr scheinen sie für alle Ewigkeit zu gelten; allzu wenig beachten sie, daß eben die »Neuerfindungen« der Liebe manches altgediente Stück obsolet erscheinen lassen. Auch diese Problematik geht in dieses Buch ein. Es ist sicher kein Buch, das neue Theorien bietet. Es ist eines, das Fragen stellt.

Sieben ungewöhnliche Liebesgeschichten

Wien, Wien, nur du allein...

Es gibt Beziehungen zwischen Mann und Frau, die so kompliziert und aufgeladen mit Projektionen sind, daß der echte »Kern« der Liebe lange Zeit nicht zum Vorschein kommen kann. Aneinandervorbeireden und -denken, Ungleichzeitigkeit der Gefühle und so viele Mißverständnisse schieben sich manchmal zwischen zwei Menschen, daß sie nicht mehr recht wissen, wie man das Gefühl, das zwischen ihnen entstanden ist, eigentlich nennen kann. Und trotzdem spürt man: Hier gibt es eine tiefe Unterströmung, es ist unmöglich, voneinander loszukommen – und das manchmal bis ans Lebensende. Und man kann manchmal erkennen, daß diese Unmöglichkeit mit einem tiefen Wissen darüber zu tun hat, daß hier erst durch die Liebe etwas »heil« gemacht werden kann, was in dieser Weise vorher noch nie zusammengekommen ist.

Peter und Carry waren ein solches Paar.

Ich habe die Geschichte von Peter und Carry zu einem Teil selbst miterlebt, bin auch wohl ab und zu als Beraterin gefragt worden; das meiste aber hat mir Peter, der sehr ehrlich mit sich selbst umgegangen ist, erzählt.

Wo beginnt eine solche Geschichte? Im tschechischen Pflaumengarten, in dem der 16jährige Peter, ein junger Jude aus Wien, im Jahr 1938 versteckt wurde? Oder bei der ersten Begegnung mit Carry? Oder sollte man lieber in jene Zeit zurückgehen, in der der 19jährige – keines Wortes der fremden Sprache mächtig – die amerikanische Freiheitsstatue erblickte und von einer Frage in Besitz genommen wurde, die ihn sein Leben lang beschäftigen sollte? Sie lautete: »Was soll ich eigentlich in Amerika?« Und: »Wieso bin ich eigentlich hier?«

Natürlich »wußte« Peter, ein sehr kluger junger Mann, warum er »hier« war und daß er dafür seinem Schicksal danken sollte. Aber was heißt denn in diesem Zusammenhang schon »wissen«?

Peter erlebte sich in den ersten Jahren in New York als ein Wesen, das Jugendliche heutzutage einen »Zombie« nennen würden. Die jüdische Gemeinde wies ihn ab – seine Mutter war keine Jüdin, außerdem war Peter katholisch getauft. Die Katholiken zuckten bedauernd die Achseln. Nur die Quäker erbarmten sich seiner und halfen. Später sollte Peter ein wichtiges und vielgelesenes Buch über William Penn schreiben, einen berühmten Quäker, der den Staat Pennsylvania gegründet hatte. Das war sein Dank – ein wahrhaft großzügiges Geschenk. Damals aber tat er einfach das, was ihm aufgetragen wurde: Er besuchte Englischkurse, arbeitete in einer Fabrik, in der man Bilderrahmen herstellte, und ließ im übrigen den ganzen Tag lang das Radio laufen, damit er sich an die neue Sprache gewöhnte. Private Kontakte mied er. Er schämte sich seiner unbeholfenen Sprache. Er war schon mit 10, 12 Jahren ein belesener, etwas frühreifer und ernster Junge gewesen, den sein geliebter Vater immer anhielt, sich möglichst gewählt und facettenreich auszudrücken. Peter haßte ein Leben, in dem er nur Drei-Wort-Sätze äußern konnte und jeder ihn fragte, woher er komme und wie ihm Amerika gefalle. Natürlich war er – auch das hatte man ihm beigebracht – höflich und radebrechte so gut es ging, daß es ein wunderbares Land sei und – sure, thank you –, es gefalle ihm hier sehr gut.

Er wachte jeden Morgen mit dem gleichen Gefühl von Unwirklichkeit auf: Warum war er hier? Was war ihm nur geschehen?

Peter war nur mäßig interessiert an der Weltpolitik. Daß es in Europa einen entsetzlichen Menschen namens Hitler gab, der ihm sein Leben zerstört hatte: Das war nur allzu klar. Aber die Feinheiten der Weltpolitik gingen an ihm vorüber. Warum sollte er sich darum bekümmern? Es war ja nicht sein Land, über das in den Zeitungen gesprochen wurde. Allen Berichten zufolge würde es unendlich lange dauern, bis er wieder zurückkonnte in seine Heimat – sofern dies überhaupt in Frage kam.

Peter lernte sein literarisches Englisch also nicht durch die Zeitung, sondern durch Shakespeare – das kam ihm irgendwie passender vor in seinem halb somnambulen Zustand. Er hatte sich ein Buch gekauft, in dem berühmte Shakespeare-Dramen auf der einen Seite in Englisch und auf der anderen in Deutsch abgedruckt waren. Später erzählte er in seiner selbstironischen Art, daß er öfter Erstaunen erregt habe, wenn er etwa dem Meister in der Fabrik sagte: »Es sei mir die Frage gestattet, ob Euch der Kaffee nun beliebt...«

Peter galt als schrullig, er paßte nicht in das ihm zugewiesene Milieu. Daheim hatte er in einer Villa in Hietzing, einem eleganten Vorort von Wien, gewohnt, die Köchin Mitzi hatte herrliche Marillenknödel zubereitet, die Mutter war mit Liebhabern in die Oper gegangen, und der Vater hatte sich für Peters Bildung viel Zeit genommen. Die Eltern hatten sich offenbar nicht viel zu sagen, das war kein Geheimnis. Deshalb war Peter auch nicht verwundert, daß die Mutter nach dem Einmarsch Hitlers in Österreich den jüdischen Ehemann kurzerhand vor die Türe setzte und sich mit einem deutschen Offizier schmückte. Das alles erlebte Peter aber nur mehr schattenhaft, denn eines Tages hatte man ihn über die Grenze zu tschechischen Bekannten gebracht, und schließlich war er im Pflaumengarten gelandet – aber davon soll später noch ausführlich die Rede sein. Als er im Zug saß – kaum ahnend, warum er vor der Grenze unbedingt aussteigen und von einem Kontaktmann zu Fuß hinübergebracht werden sollte –, spürte er dunkel, daß er nun für immer getrennt sein würde. Getrennt wovon? Er hätte es nicht sagen können. Es gab aber bei diesem unerklärlichen Gefühl des Schmerzes einen winzig kleinen Halt: die Wolken, die gerade in besonders schöner Formation vor dem Abteilfenster vorbeizogen. »Die gehören mir«, dachte er versonnen und spürte etwas ähnliches wie Trost. Man hatte ihm versichert, daß dies nur ein vorübergehender Abschied sei, alles, auch die ganze »neue Zeit«, würde sich wieder irgendwie einrenken; diese dumme Geschichte mit den Juden sei sowieso nur ein Versehen. Peter hatte keinerlei Einsicht in die Politik – die hatte nicht zum Bildungsplan des Vaters gehört. Trotzdem war da dieses merkwürdige Gefühl, als gäbe es nichts Beständiges mehr außer den Wolken...

Zurück nach Amerika.

Peter blieb nicht in der Rahmenfabrik; er blieb auch kein Arbeiter; er fand eine Gönnerin, die erkannte, daß dieser kluge und etwas seltsame junge Europäer Förderung verdiente. Er ging aufs College, studierte und wurde schließlich ein bekannter Journalist und Musikkritiker.

Seine Frage blieb aber bestehen: Was mache ich eigentlich hier in Amerika? Warum hat man mich getrennt? Warum durfte ich nicht in Hietzing bleiben, in der Villa, wo man so viel Musik hörte, in Wien, wo die schöne Mutter mit dem entzückenden Knaben zum five o'clock ins Kurhaus im Stadtpark ging und der Vater beim Spazierengehen Wiener Stadtgeschichte erläuterte? Warum aber ging er nach dem Krieg nicht nach Wien zurück?

Dafür gab es viele Gründe, aber sicher wird es Peter selbst nicht gelingen, sie wirklich bis ins letzte zu eruieren.

Ein wichtiger Grund lag wohl darin, daß Peters Vater nicht am Leben geblieben war. Peter wußte nun, daß seine Mutter ihren Mann mit hoher Wahrscheinlichkeit hätte retten können, wenn sie nicht die Scheidung eingereicht hätte. Daher meldete sich Peter auch nicht, als seine Mutter durch das Rote Kreuz nach ihm suchen ließ. Er wußte nicht viel über den Tod seines Vaters. Jeder x-beliebige Passant in Wien hätte es sein können, der ihn ermordete oder verriet. (Er wußte nur, daß sein Vater versucht hatte, als »U-Boot« durchzukommen!) Da war es vielleicht doch besser, in einem Land zu bleiben, wo das Gegenüber in der Subway vielleicht drogenabhängig oder gewalttätig oder auch einfach nur fremd sein mochte, aber mit großer Sicherheit nicht seinen Vater getötet hatte.

Erst als Peter die junge zarte und blonde Farmerstochter aus dem Westen gefunden und für sich so sehr interessiert hatte, daß sie einer Heirat zustimmte, traute er sich erstmals nach Wien. Inzwischen waren 15 Jahre vergangen, und ein Wechsel der Heimat kam nicht mehr in Frage.

Das Leben mit Maud war angenehm. Peter fühlte sich nun oft ganz wohl; daß er fremd bleiben mußte in diesem Land, das ihm noch immer nicht mitgeteilt hatte, warum und wozu er hier eigentlich sei, war ihm inzwischen selbstverständlich. Er war nun amerikanischer Staatsbürger, er sprach und schrieb wesentlich besser englisch als deutsch, aber er weigerte sich nach wie vor, den Präsidenten zu wählen. Als ich ihn (da war er schon an die fünfzig) fragte, warum er um Himmels willen denn nicht wählen gehe, sagte er nur erstaunt: »Warum soll ich in einem fremden Land den Präsidenten wählen? Das steht mir nicht zu.«

Ja, Peter war sicher noch immer ein wenig schrullig, aber er war nun ein ziemlich gutsituierter Mann, der in seinem Beruf erfolgreich war und sich überall zu bewegen wußte.

Peter lebte aber zwei Leben; eines davon spielte sich in Hietzing ab, in der Inneren Stadt von Wien, im Wienerwald oder in der Steiermark, wohin er mit seinem Vater in den Ferien oft gefahren war. Die Bilder dieses Lebens begleiteten ihn, so wie ihn die inzwischen schon oft altmodisch gewordenen österreichischen Worte begleiteten. Als ich ihn kennenlernte, entzückten mich aus meiner Kindheit vertraute Begriffe wie: »Schinakel« (= kleines Boot) oder »Bassena« (= die Wasserleitung auf dem Gang von ärmeren Wiener Wohnhäusern). Außerdem verwunderte mich, die ich versuchte, das amerikanische Leben mit allen Sinnen aufzunehmen und zu verstehen, daß einer ununterbrochen Vergleiche mit irgendeinem Wien anstellte, das sicher nicht mehr existierte (wenn es denn je existiert hatte). »Schau, Eva«, sagte er dann wohl, »hier diese Haustüre, die könnte auch in einem dieser alten Grinzinger Häuschen sein.«

Oder: »Der Central Park hat Stellen, die mich an den Wiener Stadtpark erinnern, weißt du, dort, wo die Wien unterirdisch fließt...« und vieles andere. Oder – etwas grotek: »In Wien, wo ja jedes Wäschermädel Walzer tanzen kann...« Ich spottete fleißig, erzählte ihm, daß man auch in Wien elektrische Waschmaschinen habe und daß der Walzer nicht auf der Straße getanzt würde, sondern – wenn schon – dann im Ballsaal. Aber die jungen Leute würden auch in Wien lieber Rock oder Beat oder ähnliches tanzen. »Schrecklich«, sagte Peter dann wohl, ließ sich aber von seinen oftmals absurden Vergleichen nicht abbringen.

Peter aber war nicht nur schrullig, sondern eben auch sehr begabt. Seine Österreich-Leidenschaft ließ sich in Amerika nutzbringend vermarkten. Peter schrieb reizende kleine Essays über Musik. Kaum je fehlte eine kleine Reminiszenz an Musikabende in der Hietzinger Villa (Peters Vater war einer der ersten, die ein Grammophon besaßen, er produzierte diese in seiner Fabrik), an Opernabende oder berühmte Aufführungen im Wiener Musikvereinssaal. Da Peter die für einen künstlerisch begabten Menschen seltene Gabe besaß, auch Technisches im Bereich der Musikübertragung zu verstehen und verständlich erläutern zu können, war seine Lesergemeinde groß. Peter hatte »Fans«, wie das in Amerika so üblich ist, sogar einen »Fan-Club« gab es. Peter wurde an seiner Universität Ehrendoktor – eine traditionell amerikanische Erfolgsstory also. Aber Peter fühlte sich nicht als Amerikaner.

Maud, seine Ehefrau, war zwar ein festes Band zu Amerika, aber auch sie spürte recht deutlich, daß sie mit einem Fremdling verheiratet war.

Immerhin: Peter freute sich am kleinen Landhaus,

das man mit (natürlich viel europäischem) sehr ästhetischem Kleinkram ausstattete, er hatte amerikanische Freunde und merkwürdigerweise kaum deutsche oder österreichische Freunde. Vielleicht hätten sie sein nur ihm eigenes Heimat-Bild gestört? Ich vermute es fast.

Als Maud schwerkrank wurde, geriet diese zerbrechliche und nun doch einigermaßen wohlgeordnete Welt ins Wanken. Die Ärzte machten Peter nur wenig Hoffnung.

Peter sollte jenen hellen Juni-Nachmittag, an dem ihm die Welt bitter grau geworden war, nie vergessen. Nun würden sich also seine Gefühle bewahrheiten: Er gehörte nicht hierher, auch sein kleines Amerika-Leben würde – wenn Maud wirklich sterben sollte – wiederum zu Ende sein.

Nach Hause wollte er nicht gehen. Es gab aber in der Nähe des Krankenhauses einen Ort, der ihm schon oft Trost geboten hatte: eine Schallplattenhandlung. Man kannte ihn dort, wußte um seine Sachkenntnis, fragte ihn wohl auch ab und zu um Rat bei neuen Anschaffungen, und natürlich konnte er dort stundenlang Musik hören. Dorthin zog es ihn, einer der wenigen Orte in dieser Stadt, wo er sich zu Hause fühlte.

Dort traf er Carry. Sie war unschlüssig, wollte »irgend etwas« von Schubert, und Peter ließ seine übliche geheime Arroganz fahren und fand es nicht »typisch amerikanisch«, daß man »irgend etwas« von Schubert wollte. Er half beim Aussuchen. Was ihm an der jungen Frau gefallen habe? fragte ich ihn später oft. Nun, es war – neben einer gewählten und offensichtlich kultivierten Sprache – auch das zarte, mädchenhafte Aussehen, dieses ein wenig elfenhafte Blonde... eben das: Aber hier greife ich vor – was im Pflaumengarten damals auch

Paula an sich gehabt hatte. Diese Ähnlichkeit aber war ihm zuerst noch gar nicht aufgefallen.

Carry bedankte sich für seine Hilfe. Sie zahlte mit einem Scheck, auf dem auch ihr Name stand. Peter, ein eher schüchterner Mann, tat sich mit dem Verkäufer, den er seit langem kannte, zusammen.

Als er Carry anrief, hatte sie offenbar nichts dagegen, mit dem gebildeten und höflichen Europäer, der sich zufällig gerade in ihrer Gegend aufhielt, einen Kaffee zu trinken.

Zu Peters großer Freude und zum Erstaunen der Ärzte wurde Maud wieder gesund. Peter, in Liebesdingen nicht sehr erfahren und wohl auch ein wenig naiv, erzählte ihr voll Begeisterung von seiner neuen Bekanntschaft. Sie schloß auch einen – deutschen! – Ehemann ein und bald begannen sie, zu viert auszugehen.

Daß Peter und Maud, die so viel mehr verdienten als das junge Paar, meist für die Kosten aufkamen, war selbstverständlich. Carry hatte eben erst ihren ersten Job als »Lecturer« angetreten. Sie war Romanistin, hatte einige Semester in Paris studiert und stellte für Peter alles dar, was er sich nur immer je ersehnt hatte: Sie war klug, gebildet und in der für Peter besonders wichtigen »europäischen« Art und Weise offen. Daß er nun auch ab und zu wieder deutsch sprechen konnte, freute ihn und gab dem Zusammensein eine ganz besondere Note. Carry, der so etwas leichtfiel, fing an, deutsch zu lernen – zu Peters großem Entzücken. Daß seine eigene Ehefrau dazu nicht fähig schien – obwohl sie nun ja schon ziemlich oft in Österreich gewesen waren –, fiel nun plötzlich ein wenig mehr ins Gewicht. Überhaupt: Wo blieb bei dieser Vierergeselligkeit denn Maud? Hatte sie wirklich so großes Interesse daran, über die historischen

Wurzeln der deutschen Romantik zu sprechen oder sich mit dem Zusammenhang von Marxismus und Humanismus auseinanderzusetzen? Eigentlich nicht, und wenn man es ganz genau nahm, dann hätte eigentlich auch auffallen müssen, daß die Initiative zu den schönen Vierer-Wochenenden nie von ihr ausging. Sie beklagte sich aber nie. Wäre Peter ein wenig aufmerksamer gewesen, dann hätte er allerdings den Alkoholkonsum seiner Ehefrau ein wenig kritischer betrachten müssen, als er es zu jener Zeit tat.

Peter aber sah und hörte bald nicht mehr, was um ihn herum vorging, sofern es nicht Carry betraf.

Jene schönen gelben Birnen – hatte nicht Carry kürzlich erwähnt, daß sie diese besonders gerne aß –, sollte man ihr nicht ganz schnell zwei Pfund bringen? Und diese Einspielung von Schuberts Impromptu – Carry hatte neulich großes Interesse an einer Schubert-Symphonie geäußert –, vielleicht sollte sie diese ganz besondere Einspielung hören? Nun ja, wenn das junge Paar gerade nichts Besonderes am Abend vorhatte?

Maud war sanft und geduldig. Peter machte »Kaiserschmarren« für alle vier; außerdem hatte er einen österreichischen Wein aus dem Burgenland aufgetrieben. Die beiden jungen Leute fühlten sich wirklich verwöhnt und genossen es durchaus, so sehr im Mittelpunkt der Aufmerksamkeit dieses Mannes zu stehen, der im Leben doch schon einiges erreicht hatte und den sie bewunderten.

Später erzählte mir Carry, daß sie sich »nichts Besonderes« dabei gedacht habe. Er sei, ihrer Meinung nach, eben ein »guter Freund« gewesen, und als solchen habe sie ihn auch gern gesehen.

Nun, man mußte schon recht blind sein, um die Sache

so zu drehen. Carry aber war eine streng erzogene Puritanerin und meinte dies ganz bestimmt ehrlich, wenn sie ihrem Ehemann, dem nun das alles auch ein wenig zu viel wurde, vehement darlegte, daß es eben auch »reine« Freundschaften gäbe.

Als sie aber – der Ehemann verringerte nun die Zahl der Treffen – fast jeden Tag 5-, 6-, ja 10seitige Briefe von Peter bekam, wurde doch auch sie stutzig. Peter bewahrte offensichtlich alles, was sie je gesagt oder getan hatte, in seinem Herzen auf. Hietzing, der Wienerwald und die wunderbaren Klavierkonzerte von Mozart gingen eine perfekte Verbindung ein mit Carrys scharfsinnigen Kommentaren über diese Konzerte, über die Eigenarten der Karolinger (eine Epoche, in der sie sich gut auskannte) oder über die Feuerbach-Thesen. Carry hatte dies oder jenes so treffend bemerkt oder bei jenem Thema nicht ganz verstanden, was Peter meinte, oder einen Satz gesagt, der noch der Auflösung bedurfte.

Peters Briefe zu lesen war meist ein intellektuelles Vergnügen. Und Carry freute sich daran, obwohl sie diese so gut wie nie beantwortete; aber das war auch nicht nötig, weil Peter sowieso dauernd anrief.

Die Briefe wurde länger und länger; Peter erzählte darin von seinem Wiener Leben, von den Erlebnissen im Pflaumengarten, von seiner Flucht nach Tunesien, als man die kommunistische Gruppe, bei der er in der Tschechoslowakei untergeschlupft war, auffliegen ließ. Und natürlich erzählte er auch – brieflich wie mündlich – von den merkwürdigen Erfahrungen in der Neuen Welt.

Später würde er mir einmal sagen, er habe eigentlich immer erwartet, daß Carry ihm nun endlich die Grundfrage seines Lebens beantworten würde: warum er eigentlich »hier« sei.

Carry aber wurde zurückhaltend. Der Ehemann Klaus schien sich zu langweilen, wenn er schon wieder zum Landhaus fahren oder Zwetschkenknödel essen sollte. Klaus war dabei, mit Leib und Seele Amerikaner zu werden, und hatte bald nur mehr wenig Sinn für die Feinheiten österreichischer Kultur. Klaus wollte zwar gern einen bekannten Journalisten kennen, der ihm manchen Weg ebnen konnte, aber dafür wollte er nicht seine gesamte Freizeit opfern.

Peter aber geriet in einen merkwürdigen Zustand. Er konnte an nichts anderes mehr denken als an Carry. So naiv war er nun natürlich nicht, als daß ihm dieser Zustand nicht als schlichte »Verliebtheit« bekannt gewesen wäre. Er versuchte, vor Maud nicht mehr so viel über Carry zu sprechen. Aber Carry kam zu ihm; in der Nacht hörte er ihre Stimme, mitten aus einem Traum heraus hörte er sie rufen; sie setzte sich neben ihn auf das Bett, und merkwürdigerweise sprach sie deutsch mit ihm.

Peter spürte, daß er die Konturen der Realität nicht mehr richtig wahrnahm. Manchmal sprach er mit Carry so, als ob sie wirklich in der Nacht bei ihm gewesen wäre. Carry zog sich zurück. Auch sie hatte nun begriffen, daß hier irgend etwas schieflief. Ihre aufrechte Puritanerseele war schockiert. Sie ging oft nicht mehr zum Telefon, sie ließ Klaus Termine absagen. Peter aber fiel immer mehr aus Zeit und Raum heraus.

Damals fragte er mich oft um Rat, gab mir auch Briefe an Carry zu lesen (sie waren wunderbar ziseliert, feinsinnig, voll von hintergründiger Ironie, also wirklich vergnüglich zu lesen) und befolgte schließlich, nach einigen Nächten, in denen ihre Stimme besonders eindringlich gewesen war, meinen Rat.

Es brauchte nicht lange für die erfahrene Psychoanalytikerin, die ich ihm empfohlen hatte, um zu erkennen, was hier geschah, eigentlich hatte Peter es auch schon gewußt. Die Analyse, die er damals anstrebte, hat er zwar nie wirklich ganz ernst genommen, aber einige Erkenntnisse daraus blieben dennoch haften und halfen ihm.

Es wurde nämlich recht bald klar, was ihn so sehr an Carry fesselte: Es war eine verblüffende – oder nur in Peters Phantasie existierende? – Ähnlichkeit mit Paula.

Wer aber war Paula?

Paula, eine junge Frau (natürlich: blond und zart), einige Jahre älter als Peter, hatte mit ihm das tschechische Versteck im Pflaumengarten geteilt. Paulas Mann war Kommunist, damals wohl schon verhaftet, und Paula war, wie auch Peter und noch einige Genossen, von einem nazihassenden Gutsbesitzer in einem Schuppen des Pflaumengartens versteckt worden. Das Leben im Versteck war für den sechzehnjährigen verwöhnten Fabrikantensohn sehr schwer: keine Schule, kein Kontakt zu den Eltern, Ungewißheit auf allen Linien. Aber: Paula war da. Paula war gebildet, Paula verstand viel von Musik, und Paula war offenbar davon angetan, den klugen Jungen weiterzubilden. Man durfte am Abend, wenn die Luft rein war, in der Bibliothek des Gutsbesitzers sitzen und lesen, Musik hören (auch er hatte schon ein Grammophon und recht schöne Platten) und reden, reden, reden. Peter kam die Zeit wohl bald nicht mehr so lang und langweilig vor. Peter vergaß ein wenig, in welch prekärer Lage er sich befand. Er lernte Wagner kennen (diese Musik war im Hause des Vaters als anstößig empfunden worden!) und er konnte mit Paula stundenlang über Musik reden. Sie hörten manche

Stelle wohl zwanzigmal, Paula konnte lange Passagen auswendig singen, auch untertags ging das Gespräch weiter. Paula las viele historische Romane, sie war außerordentlich interessiert an der Geschichte der Arbeiterbewegung, und Peter konnte an all dem teilhaben und davon profitieren. Das war eine Schule, die sich wohl viele sechzehnjährige romantische Jünglinge gewünscht hätten! Peter wünschte nun eigentlich gar nicht mehr, wieder nach Wien zu kommen, das Gymnasium zu besuchen oder mit dem Vater zu diskutieren. Die Mutter hatte sich sowieso nie sehr viel um ihn gekümmert, da gab es nicht viel zu vergessen.

Peter dachte mit Paula, für Paula, dachte an gar nichts, was die Zukunft betraf, und das war sicher auch für sein Wohlbefinden günstig.

Der hastige Aufbruch eines Tages, als der Verrat eines Landarbeiters ans Licht kam, war chaotisch. Peter weiß bis heute nicht genau, wie alles zuging. Der Kuß (der einzige), den er von Paula bekam: den aber hat er nie vergessen. Dann war alles vorbei, und Peter landete in jenem Zustand der Vernebeltheit, den er nie mehr ganz verlassen sollte und der ihn daran hinderte, den amerikanischen Präsidenten zu wählen. Peter, der noch immer sehr junge Mann, wurde irgendwie gerettet; es gab einen Weg durch Italien nach Tunesien; vom Geld seines Vaters war noch ein wenig übrig. In Tunesien saß er stundenlang im Kaffeehaus, wo er den amerikanischen Konsul kennenlernte. Dieser war ein begeisterter Musiker und empfand den jungen Wiener, den er wohl als eine Inkarnation Mozarts ansah, wie ein Geschenk. Als klar wurde, daß er auch in Tunesien seines Bleibens nicht länger sicher war, richtete er es so ein, daß Peter eine der letzten Schiffspassagen nach New York bekam. Und so geriet Peter unversehens und ohne genau zu wissen, was »er eigentlich dort tun sollte«, nach Amerika.

Paulas Stimme, ihr Wirken wurde leiser. Es gab keine Möglichkeit der Verbindung. Auch später hörte Peter nie mehr etwas über sie, das Rote Kreuz konnte sie nicht finden. Es war, als hätte er die ganze Geschichte glatt erfunden.

Carry war Paula, die reale oder die erfundene, aber sie war auch Carry mit ihrem scharfen Verstand, ihren vielen eifrigen Diskussionen, ihrer mädchenhaften Zartheit.

Peter wußte, was er an ihr hatte; er wußte aber auch um seine Verbindung zu Maud, deren Alkoholkonsum nun nicht mehr bagatellisiert werden konnte.

Es begann eine sehr schwere Zeit für Peter. Carry war zwar nicht aus seinem Leben verschwunden, aber sie hielt sich zurück. Um ihre Ehe stand es wohl nicht zum Besten. Peter konnte ihr gut nachfühlen, daß sie den ehrgeizigen Deutschen, der nun – entgegen seinen ehemals marxistischen Ideen – Managerseminare abhielt, oft fast verachtete. Ihre Scheidung verfolgte er mit Ratschlägen, zeitweise borgte er auch Geld. Carry kannte sein Problem mit Maud, und sie erwies sich als gute Freundin. Es folgten: Mauds Versuche, mit Gruppentherapie und mit Hilfe der Anonymen Alkoholiker wieder aus dem Sumpf herauszukommen; Peters Versuche, seine Ehe wieder einzurenken und Maud behilflich zu sein, als sie den Wunsch äußerte, die abgebrochene Ausbildung wieder aufzunehmen – all dies begleitete Carry mit freundschaftlichen Ratschlägen, war Ansprechpartnerin und zeitweise – o Wunder! – sogar auch Vertraute, wenn Peter ihr von einigen kleinen Liebesabenteuern berichtete.

Als Carry sich wiederum an einen Mann band, war es Peter, der den »Neuen« begutachtete, und natürlich wurde er Patenonkel für die entzückende kleine Judith.

Allerdings gab es jetzt nur mehr wenige Treffen. Carrys neuer Ehemann, ein Physiker, fand das Zusammentreffen mit dem älteren Ehepaar recht langweilig. Ihn interessierte es kaum, daß Peter ein neues Buch über die »Strauß-Dynastie« geschrieben hatte (es wurde »Buch des Monats«), weil er sowieso nicht recht wußte, welcher Strauß denn nun den Donauwalzer geschrieben hatte und welcher offenbar ein paar langweilige Opern komponiert hatte. Oder war das ein und derselbe?

Diese alten Europäer waren einfach ein wenig öde, wenngleich es ihm imponierte, daß der alte Knabe es zu solch angesehener Stellung gebracht hatte. Die Weihnachtsgeschenke für Judith waren auch nicht zu verachten.

Peters Leben war nun wieder in seine alte Ordnung zurückgekehrt. Maud wurde gesund, sie studierte, das Landhaus wurde noch schöner eingerichtet und ausgebaut, Peter war gefragt. Peter wußte zwar noch immer nicht, »warum er eigentlich in Amerika war«, aber das Problem schien in jenem Moment auch nicht ganz so drängend.

Maud schien froh, daß der Kontakt mit Carry nun nicht mehr ganz so intensiv war. Wenn Carry aber mit Judith zu Besuch kam, wurde sie jedesmal freundlich empfangen.

Denn Carry telefonierte viel mit den beiden, eigentlich aber war es natürlich mehr Peter, den sie anrief. Die Ehe schien wiederum nicht ganz das Richtige gewesen zu sein, Carry war oft in großer Bedrängnis. Peter wurde eine Art Ratgeber-Onkel.

»Hast du heute schon etwas vor? Wir könnten doch mit Judith in den Baby-Zoo gehen«, so oder ähnlich tönte es immer öfter aus dem Anrufbeantworter. Sonntagnachmittag im Landhaus – nun ohne Ehemann: Peter fand dies ganz nett, aber allzuoft wollte er Maud dies auch nicht zumuten. Er wußte, daß sie Carry zwar sympathisch fand, aber schließlich hatte man auch noch andere Bekannte.

Carry rief am frühen Morgen an, um Mitternacht, Carry lieferte sich wilde Ehegemetzel mit ihrem Dick – und Peter mußte alles kommentieren, schlichten, die »arme Carry« aufrichten.

Peter war natürlich auch Tröster nach der Scheidung. Die gutmütige Maud arrangierte sogar ein wunderbares Essen für Carry und die Kleine, wobei sie nicht ohne Hintergedanken einen recht netten Rechtsanwalt einlud, der auch gerade frisch geschieden war. Aber Carry biß nicht an, Carry war unversöhnlich und verbittert. Getreu der damaligen Modewelle mutmaßte sie sogar, daß Dick die kleine Judith »sexuell mißbraucht« habe, und wollte ihm partout das Besuchsrecht gerichtlich verweigern lassen. Hier griff Peter, der nun nicht mehr so verblendet war, ein: Solchen Unsinn wolle er nicht hören, meinte er.

Carry verhielt sich merkwürdig; sie wollte sich offenbar nicht binden. Sie hatte ja, wie sie recht naiv erklärte, ihren Freund Peter. Was brauchte sie einen Mann? Es ging ja alles gut, so fand sie. Peter fand dies nicht unbedingt und Maud natürlich noch viel weniger.

Maud war nicht die Frau, die Schwierigkeiten oder große Szenen machte. Eher übte sie passiven Widerstand: richtete bestimmte Botschaften nicht aus oder überging gewisse Bemerkungen.

Peter sah nun sehr klar: Carry liebte ihn, oder vielleicht brauchte sie ihn auch nur – auf jeden Fall war sie aus seinem Leben ebensowenig wegzudenken wie er aus dem ihrigen.

Carry war aber nicht mehr mit Paula zu verwechseln. Carry war Carry: klug und interessiert, etwas sehr puritanisch, erstaunlich unselbständig (»Soll ich für Judith noch ein Gitterbett kaufen oder schon ein großes?«, so tönte es nun aus dem Anrufbeantworter) und vor allem beruflich recht wenig erfolgreich.

Als Romanistin hatte sie sich nicht durchsetzen können, die Universitätslaufbahn wollte ihr nicht gelingen. Sie war realistischer geworden und dachte an ein zweites Studium: Die Juristerei könnte ihr liegen, so meinte sie (zu Recht, wie sich später herausstellte!). Aber wie sollte sie noch ein Studium bezahlen? Alleinerziehende Mutter zu sein war schwierig genug. Was meinte Peter dazu?

Nun, Peter war ernsthaft besorgt. Er wollte auf keinen Fall seine Beziehung zu Maud in Frage stellen, aber auch Carry war nun Teil seines Lebens, und er fühlte sich ihr gegenüber verantwortlich. Carry liebte ihn, und er hatte sich sehr gefreut – vielleicht auch geschmeichelt gefühlt –, als Carry ihn nun auch als Mann begehrte. Die körperliche Beziehung zwischen ihnen hatte er nicht unbedingt verlangt, sie gefiel ihm aber. Es war schön für ihn, nun eine solch kluge und noch immer sehr attraktive Geliebte zu haben. Maud, die an Sex nie besonderen Gefallen gefunden hatte, wußte davon nichts oder wollte nichts davon wissen. Peters Priorität aber war klar: Maud war seine Frau, das sagte er auch zu Carry. Diese nahm es seufzend zur Kenntnis. »Kann ich nicht deine zweite Frau sein?« fragte sie einmal. Nun, in gewisser Weise war sie es. Peter bezahlte ihr Jurastudium, aber er war auch froh, daß sie nun einige Stunden entfernt von seinem Wohnort lebte. Er besuchte sie alle paar Wochen, nahm teil an ihrem Leben und liebte die kleine Judith. Auch für sie wurde gesorgt. Mit Mauds Einverständnis wurde Judith als Erbin für das schöne Landhaus eingesetzt. Peter und Maud hatten nie an Kinder gedacht, denn – wie Peter sagte: »Sie wären ja keine Österreicher gewesen.« Ich weiß nicht, wie Maud darüber gedacht hat, weil Maud über solche Dinge wohl mit niemandem redete.

Peter machte sich immer noch Sorgen um Carry. Sie lebte allzu einsam, auch nach Abschluß ihres Studiums. Sie fand einen guten Job, sie war erfolgreich – aber in sozialer Beziehung schien ihr Peter zu genügen. Als er sie nach einigen Wochen wieder einmal besuchte, sagte sie, dies sei das erste Gespräch mit jemandem, der nicht Arbeitskollege sei, seit sie beide das letzte Mal miteinander geredet hätten. Darüber erschrak Peter. Was aber sollte er tun?

Er konnte sich noch immer an einem interessanten Gespräch begeistern; er war entzückt, wenn Carry in Diskutierlaune war, wenn sie seine Überlegungen zur Geschichte oder zur Kunst begleitete. Carry las noch immer sehr viel; er bekam von ihr viele Buchtips; sie war schon eine recht wichtige Partnerin geworden.

Peter konnte nicht übersehen, daß sie »schwierig« war. Mein Gott, wie viele Probleme gab es mit Judith, die eigentlich, für Peters Empfinden, ein ganz normales kleines Mädchen war. Aber für Carry war so vieles problematisch. Judith war plötzlich in Mathe abgefallen: ein Zeichen des Scheidungstraumas? Oder war die Lehrerin schuld? Judith hatte solch merkwürdig unpassende Ausdrücke nach Hause gebracht: War sie sexuell frühreif? Oder verführt worden? Ach Gott, Peter seufzte; bagatellisierte ein wenig, tröstete, konnte gerade zur Kindererziehung wenig Fachliches beitragen, aber alles in allem fand er wohl doch oft die richtigen Worte. Jedenfalls war Carry immer recht getröstet nach solchen Problemgesprächen.

Peter fand jetzt, wo sowohl mit Maud als auch mit Carry das Leben in ruhigen Bahnen lief, sein Dasein recht erfreulich. Ein schlechtes Gewissen seines Doppellebens wegen hatte er nicht: Maud mußte wirklich nichts vermissen. Er achtete sie, er verwöhnte sie, und er war wirklich voll Respekt für ihre Stärke. Seit 15 Jahren war sie nun trocken, und es gab keinerlei Anzeichen eines Rückfalls. Viele Experten hatten ihm versichert, daß dies eine erstaunliche Verwandlung anzeige. Die war auch in einem neuen beruflichen Engagement von Maud sichtbar: Einige Jahre hindurch gab sie Analphabetinnen Unterricht im Lesen und Schreiben und wurde eine sehr beliebte Lehrerin, die sich mit vielen neuen Unterrichtsmethoden vertraut machte. Peter war stolz auf seine Frau. Auch wenn sie nie deutsch gelernt hatte und nicht wußte, wer Karl V. war.

Als Carry ihm mit verweintem Gesicht die Diagnose mitteilte, brach diese gutgeordnete Welt zusammen. Die Prognose schien nicht allzugut, Brustkrebs hatte, wie er wußte, schlechte Überlebenschancen. Und Carry war sehr nachlässig gewesen mit der Vorsorge.

Als er sie nach der Operation besuchte, schien sie aber ganz optimistisch. Auf ihrem Nachttisch lag ein neues Buch über die Zukunft Amerikas, das sie begeistert hatte. Für Peter schien es ein gutes Zeichen. War also ihre Zukunft doch noch nicht zu Ende? Einige Zeit schien es so. Carry wurde fröhlicher, sie bat ihn oft darum, sie zu besuchen, sie schlug kleine Reisen vor. Er tat sehr viel von dem, was sie wollte, er genoß diese Zeit mit ihr. Sie sollte nur kurz bemessen sein. Carry war nun häufig im Landhaus, die freundliche Maud tat alles, um ihr das Leben zu erleichtern.

Carry wurde schwächer. Sie nahm Abschied von Peter: sehr bewußt, sehr tapfer.

Bei der Beerdigung schmiegte sich Judith an ihn. »I miss my Mummy«, sagte sie, und Peter schluchzte: »So do I«. Das war das letzte Mal, daß Peter Judith zu Gesicht bekam. Der Vater wollte keinen Kontakt, und Judith war noch zu klein, um sich gegen den Willen des Vaters und seiner neuen Frau durchzusetzen. Peter schickte Geburtstags- und Weihnachtsgeschenke. Judith antwortete mit braven Klein-Mädchen-Briefen. In letzter Zeit vergaß sie es oft. Am Telefon wirkte sie wie ein gelangweilter Teenager, und Peter weiß nicht mehr, was er mit ihr reden soll.

Carry aber ist für ihn nach wie vor lebendig. Peter vergißt, wie man sieht, wichtige Dinge nie. Er hat Paula nicht vergessen, auch die marillenknödelkochende Mitzi bleibt lebendig, das Hietzinger Haus und der gebildete, musikbegeisterte Vater sowieso. Und auch ich, eine alte Freundin, brauche mir keine Gedanken zu machen, ob er etwa nicht mehr an mich denkt. Jeder Geburtstag wird registriert, jedes Jahr werde ich in Österreich besucht. Warum Peter in Amerika gelandet ist: Das weiß er noch immer nicht ganz genau. Aber, so meint er, solange er einmal jährlich in meine kleine Österreich-Heimat kommen kann, läßt sich's auch ohne dieses Wissen gut leben. »Jetzt bin ich wieder für ein ganzes Jahr heil«, schrieb er einmal nach einem solchen Besuch. Seit langem gehört er nun auch zu meinem Leben dazu.

Wie würden Psychotherapeuten, vor allem Psychoanalytiker dies beurteilen?

Kann Peter »nicht loslassen«? Oder besitzt er die seltene Gabe der Treue? Und was unterscheidet das eine vom anderen?

Peter hat sicher ein Trauma erlitten, das ihn daran hinderte, seine Heimat und sein Elternhaus seinem Alter entsprechend zu verlassen. Noch immer muß er alles, was ihn daran erinnert, idealisieren und gerät dabei immer wieder in einen großen Zwiespalt; Wien, der Vater, das Elternhaus in Hietzing: Alles ist voll von Sonne und Wärme. Es läßt sich aber doch nicht verleugnen, daß in Österreich die Nazis gewütet haben wie überall in Deutschland, daß man also vermutlich in Österreich seinen Vater umgebracht hat. Wie soll das alles gefühlsmäßig Platz haben in einem Menschen? Vielleicht war ja die Mutter die Schuldige? Inwiefern er seine Mutter vielleicht allzusehr verteufelt, bleibe dahingestellt. Sicher aber ist, daß er die Realität seiner Heimat und seiner Eltern nur unscharf wahrnimmt. Dies, so meint man, müsse nun zu schiefen Partnerbeziehungen führen; die nötige Reife könne nicht erreicht werden.

Auf den ersten Blick kann man dies auch so sehen.

Er heiratet eine ihm in vielerlei Hinsicht unterlegene Frau. Sie besitzt nicht seinen Bildungsstand, sie ist suchtgefährdet und sexuell weder sonderlich interessiert noch anspruchsvoll. Sie verlangt überhaupt nicht sehr viel von ihm, leistet ihm nie direkten Widerstand, sondern wählt den Weg der Schwachen: Sie blamiert ihn durch ihre Alkoholsucht, und dies übrigens ausgiebig, die Freunde ziehen sich zurück.

Was also an ihr hat ihn angezogen? Daß sie blond und zart war? Sollte das genügen?

Vermutlich gab es dem Emigranten mit noch immer schwachem Selbstbewußtsein eine gewisse Stärke, einer Amerikanerin zeigen zu können, um wieviel höher seine Heimatkultur zu bewerten sei; es gab ihm vielleicht auch Stärke, sich sexuell überlegen zu zeigen – überhaupt hatte er in der Beziehung insgesamt so ziemlich das Sagen. Also, so könnte das Urteil lauten: Diese Partnerwahl dient zu nichts anderem als zur Kompensation von Minderwertigkeitsgefühlen. Die Ehefrau wird funktionalisiert zur Bekämpfung eines narzißtischen Defizits, eine »klassische« narzißtische Kollusion also. Dies gilt als unreif, alles andere als dem Ideal der Partnerschaft verpflichtet. Das »Objekt« wird weder als ein eigenständiges betrachtet noch besonders geachtet, allerdings weiß er genau, daß er dieses Objekt braucht; deshalb auch die Trauer bei dessen Erkrankung.

Und Carry? Nun, auch diese Beziehung scheint nichts mit der realen Person zu tun zu haben, so wie eben Peter überhaupt in diesen Belangen oft mehr in der Phantasie lebt als in der Realität.

Daß die Trauer um Maud sofort durch eine neue Frau zu beheben wäre – wenn sie nur Stoff für seine Phantasie hergibt, zeigt sich an der Episode im Plattengeschäft.

In der Person Carrys wird nochmals eine alte Bindung, die nie verlassen wurde, gefestigt: Es ist Paula, die wieder auflebt und in deren Muster nun fast deckungsgleich Carry gepreßt wird. Auch Carry kann nicht als eigenständige Person mit ihren Licht- und Schattenseiten gesehen werden.

Warum aber gleitet Peter in eine quasi-psychotische Episode hinein, als er Carry kennenlernt? Konflikte auf vielerlei Ebenen scheinen ihn zu zermürben. Der Ausweg in eine wirkliche Psychose ist ihm verwehrt (dazu hat er offensichtlich nicht die richtigen Gene), er weiß schon, daß Carry und Paula nicht dieselbe Person sind; dieses Wissen um die Differenzen aber muß er verdrängen – schon dies kostet Kraft. Seine Leidenschaft für Carry hätte nicht solch blühende Formen annehmen können, wenn er sich der Differenzen bewußt gewesen wäre. Dann wäre von der idealisierten Carry eben eine etwas ängstliche, sehr puritanische Person übriggeblieben, die trotz ihrer Bildung eben keine Europäerin war, sondern auch recht amerikanische Seiten zeigt, abgesehen davon, daß ja auch Paula nur in der Person des Sechzehnjährigen sich spiegelt und in ihm nie erwachsen werden konnte. Diese Verdrängungen allein kosten schon Kraft. Dazu kommen noch (latente?) Schuldgefühle der Ehefrau gegenüber. Daß diese in ihrer Sanftmut und Schwäche nicht aufbegehrt, muß ihn noch mehr in Versuchung führen, als wenn sie sich in kraftvoller Form wehren würde gegen die ungebetenen Eindringlinge. Aber auch diese Schuldgefühle werden teilweise verdrängt. All dies überfordert seine seelische Konstitution, und es kommt fast zu einem Zusammenbruch.

Er will die sanfte, ihm ergebene Maud nicht verlieren – sie ist nötig für sein Selbstbewußtsein; auf die Dauer aber genügt dies nicht; sein Selbstbewußtsein soll auch noch durch den »Gegentyp« gestärkt werden. Die kluge Paula/Carry soll auch Gefallen an ihm finden; beide Frauen gleichzeitig benötigt er, um sich in der fremden Welt wohlfühlen zu können.

Seine Grundfrage lautet, wie gesagt: »Warum bin ich hier?«

Welche tiefere Bedeutung hat diese unsinnige Frage, die ja auf einer oberflächlichen Ebene sofort beantwortet werden kann, nämlich: »Du bist hier, weil Hitler dich sonst vielleicht getötet hätte.«

Peter hat sich nie als Jude fühlen können. Er war katholisch erzogen, seine Mutter – eine schöne und zarte Blondine – war nicht jüdisch, und weder der Vater noch Peter selbst (der auch blond und blauäugig ist) hatten irgend etwas an sich, was später im *Stürmer* in solch absurder Weise als »jüdisch« denunziert wurde. Peter hatte sogar, wie er später oft eingestand, ein klein wenig antisemitische Gefühle.

Seine Mutter hatte ihn weggeschickt (übrigens war dies vielleicht wirklich aus Besorgnis geschehen, allerdings wäre ihm als Halbjuden wohl nichts passiert, seinem Gefühl nach aber wollte die Mutter ihn aus dem Weg haben!), die Frage lautet also: »Warum hat meine Mutter mich weggeschickt?«, und diese Frage zielt schon in tiefere Schichten als die erste. Was hat Peter getan, damit seine Mutter ihn wegschickt? Welch böses Blut ist in ihm? Ist es das »böse« jüdische Blut, das Blut dieser »Untermenschen«, das ihn zum Verzicht auf die Heimat gezwungen hat? Hatte seine Mutter dieses »böse« Blut auch verabscheut, so wie sie auch seinen Vater verabscheute? Warum aber ist er dann überhaupt geboren worden? Ist er wirklich ein verabscheuenswürdiges Ungeheuer, das sich nicht fortpflanzen darf?

Alle diese existentiell bedeutenden Fragen verstecken sich in Peters ewig unbeantworteter Frage. Natürlich kann sie nicht beantwortet werden.

Das Auftreten von Paula alias Carry hat diese Fragen erneut deutlich gemacht, und Peter wird wieder einmal, wie schon in seiner somnambulen ersten New Yorker Zeit, hineingeworfen in den Nebel dieser Bedrängnis: »Ich hätte wohl gar nicht geboren werden sollen.«

Paula hat mit ihrem Interesse für ihn auch vermocht, seine Selbstzweifel ein wenig zu glätten. Von ihrer Hand geführt konnte Peter daran glauben, daß er doch auch wichtig sei und nicht nur »lebensunwertes Leben«. Diese Bestätigung will er sich nun wieder holen von Carry/ Paula. Daß er sie nicht bekommen kann, bringt den sonst so rationalen Peter für einige Zeit um den Verstand.

Die Diagnose scheint zu stehen, alles kann in dieser Weise abgeklärt werden, und ein paar Stunden Psychotherapie haben wohl auch einiges klargemacht. Aber es ist ganz sicher nicht nur die Psychotherapie, die hier ihre Spuren hinterlassen hat.

Sehen wir uns die ganze Geschichte nicht von ihren Defiziten an, sondern von ihren Kraftquellen, speziell von denen, die Peter besitzt.

Peter ist nicht nur ein besonders begabter Mensch, sondern auch einer mit viel seelischer Stärke. Er kann das, was sich ihm im Leben bietet, auch annehmen und für sich nutzen.

Vielleicht war es zuerst wirklich wichtig für sein inneres Gleichgewicht, daß seine Partnerin ihm unterlegten war, aber: Was hat er daraus alles gemacht! Er hat ihr ungemein viel Möglichkeiten geboten, etwas zu lernen, Neues zu sehen, sich mit ganz anderen Lebensmöglichkeiten auseinanderzusetzen. Er hat aber auch durch Maud mehr von Amerika verstanden und wenn es auch nicht ausreichte, um sich damit zu identifizieren – ein wenig mehr Heimat war es durch Maud eben doch. Dazu kommt, daß seine Weigerung, sich mit dieser neuen Heimat zu identifizieren, ihm auch eine Menge an apartem Selbstbewußtsein gegeben hat. Er war etwas »Besonderes« in der neuen Heimat. Und auch dies hat Maud ihm »erlaubt«, ohne zu protestieren. Als Alt-Europäer hat er seinen Weg gemacht, als ein vielleicht etwas seltsamer, aber sehr interessanter Mann erhielt er von allen Seiten Anerkennung.

Hat seine Art von Liebe zu Maud dann wirklich nur eine ausbeuterische Seite? Sicherlich nicht!

Er hat die Beziehung zuerst so gelebt, daß beide ihren Teil bekommen haben. Beide waren zufrieden, oft glücklich. Der erste Teil ihrer Ehe war geprägt von Wohlwollen und gegenseitigem Bemühen, auch wenn nicht alles ideal war.

Als Carry hinzukam, wurde es tatsächlich schwieriger, und sicher hat dies Mauds Neigung zum Alkohol verstärkt. Nun fühlte sie sich wirklich alleingelassen und durch Peters naive Schwärmerei abgewertet. Peter dachte aber in dieser Zeit nie daran, Maud etwa zu verlassen. Daß sie zu ihm gehörte, das war für ihn immer klar.

Niemand wird behaupten, daß Peter Carry zuerst in sehr reifer Form »geliebt« hat; er hat sie ja kaum wahrgenommen, hat in ihr und durch sie nur seine Jugendliebe wieder erwachen gefühlt. Alle Briefe, die er ihr zukommen ließ, alle Geschenke und angenehmen Dienste galten vor allem sich selbst und seinem Jugendtraum. Carry war nur die Folie. Seine Liebe begann erst später.

Die schwierigen Zeiten mit Maud, Mauds Probleme: das hat Peter immer wieder mitgetragen. Er war doch immer mit Maud verbunden und hat sie sofort, als sie gesund wurde, wieder mit sehr viel mehr Respekt behandelt als vorher. Er konnte nun wahrnehmen, daß sie nicht nur schwach und sanft war, sondern auch einen starken Willen besaß, der ihr dazu verhalf, trocken zu bleiben.

Und seine Liebe zu Carry? Hat er sie geliebt? War das »reife« Liebe?

Es kann kein Zweifel sein, daß gerade nach dem Abkühlen seiner hitzigen Verliebtheit die Liebe begann. Nun konnte er Carry sehen, wie sie war – mit ihren Fehlern und auch mit ihren Verschrobenheiten.

Aber auch hier: Er fühlte sich verantwortlich, er tat für sie, was nötig war, und noch einiges mehr. Natürlich war er glücklich, daß diese hübsche junge Frau ihm nun auch als Mann Beachtung schenkte. Wenn sie ihn bat, er möge sie als seine »Zweitfrau« betrachten, dann war ihm das nicht nur unangenehm, obwohl ihm die Verantwortung für Maud doch noch immer sehr wichtig war, wahrscheinlich wichtiger als die für Carry.

Peter war imstande, zwei Frauen zu lieben. Und daß man dies alles wirklich mit dem Wort »Liebe« belegen kann, erweist sich an dem, was man schlicht und einfach »Treue« nennt. Peter ist beiden Frauen treu; er kann Menschen, die ihm viel wert sind, in seinem Inneren bewahren und sie in sein Leben einbauen, auch wenn sie schon längst gestorben sind.

Daß es nicht nur eine einzige Frau ist, die ihm wichtig ist: sollte das seine Liebesfähigkeit schmälern? Natürlich weiß man nicht, wie es ausgesehen hätte, wenn Maud die Eifersüchtige gespielt hätte. Vielleicht hat sie oft die Augen zugemacht, auch deshalb, weil sie ihm das sexuelle Vergnügen, das sie ihm nicht bieten konnte, gönnte? Wäre sie böse und traurig gewesen, dann hätte die Geschichte sicher eine andere Wendung genommen.

Peter war offensichtlich imstande, sozial und gesellschaftlich wertvolles Verhalten an den Tag zu legen. Seine besonderen Begabungen und Interessen haben ihm nicht nur zu wichtigen gesellschaftlichen Positionen verholfen, sondern auch dazu, ein schwieriges und labiles Gleichgewicht in seinen Beziehungen zu Frauen aufrechtzuerhalten. Beide Frauen haben durch ihn profitiert, und durch beide hat er profitiert – man kann ruhig behaupten, daß er durch und mit allen Schwierigkeiten hindurch sehr kreativ gewesen ist. Sublimierung ist dabei nicht schwer nachzuweisen; interessant ist es, der Frage nachzugehen, wie denn seine ganz spezifischen Begabungen dabei diese Sublimierungen formen und in welcher Weise sein ganz besonderes Schicksal ihm geholfen hat.

Die nicht zu beantwortende Frage: »Wieso bin ich hier?«, die genaugenommen vermutlich heißt: »Wieso bin ich auf der Welt?« (wo ich doch ein Untermensch bin, den die Mutter weggegeben hat), deutet selbstverständlich auf eine pathologische Sicht in bezug auf die eigene Person. Aber: Was hat er alles getan mit und durch diese Frage! Er hat die »Ersatz«-Paula Carry nicht sehr lange nur als Ersatz gesehen, er hat die Möglichkeiten, die sie ihm bieten konnte, für seine Interessen genutzt und dabei auch ihr einen Lebensinhalt verschafft. Er hat seine intellektuelle Begabung genutzt, um damit eine Beziehung lebendig zu erhalten, die ihm ohne diese nicht möglich gewesen wäre, und er hat sich selbst Freuden geschenkt durch diese Beziehung.

Wenn man – mit Melanie Klein – der Meinung ist, daß der kreative Akt eine »Wiedergutmachung« beinhaltet, wenn man weiterhin postuliert, daß auch gelebte Liebe eine kreative Leistung sein kann, dann kann man im Fall von Peter einiges vielleicht besser verstehen.

Peter war hineingeworfen worden in Zerrissenheiten, von Kindheit an. Vater und Mutter haben sich nie gut verstanden. Das Kind wurde nie von beiden gemeinsam erzogen, sondern immer nur von jeweils einem Elternteil. Mit dem Vater gab es interessante Besuche im Museum, in der Oper, Gespräche. Die Mutter führte ihn in das Leben der High-Society ein, deren Mitglied sie unbedingt sein wollte. (Peter sagt, daß er diesen Teil des Lebens nur in Maßen genossen hat!) Von beiden Eltern wird er weggerissen, ohne so recht zu verstehen, warum. Von nun an wird er nie wieder ein Ganzes sein – immer gespalten in die Alte und die Neue Welt, der etwas schrullige altmodische Europäer und der tüchtige, gescheite moderne Amerikaner. Schon seine Berufswelt zeigt die Zerrissenheit, die er gleichzeitig zu einem Fundus an Kreativität ausgestaltet: Nicht nur raffiniertes Know-how in bezug auf modernste Formen der Klangvermittlung beherrscht er – nein, er kann dies auch verbinden mit der alten österreichischen Welt seiner von Musik erfüllten Kindheit und macht daraus eine ganz besondere und in dieser Weise übrigens einzigartig gebliebene Form der Musikkritik.

Die Gestaltung seines Liebeslebens zeigt wiederum diesen Zug von Zerrissenheit auf, der aber letztlich kreativ – und von allen Seiten mit Dankbarkeit quittiert – gelebt wird. Der Gegensatz Maud/Carry (also: europäisch verfeinerte Bildung versus »typische« Amerikanerin) wird verknüpft, indem er beiden Frauen gerecht zu werden versucht – wie es scheint, profitieren beide davon. Aber schon lange vorher: Die unerfüllte Liebe des Jugendlichen zu Paula sucht schon einen Riß zu bewältigen: die schöne, blonde Mutter wird verschmolzen mit dem bildungsbewußten Vater. Paula ist Vater und Mutter in einer Person. In Carry wiederholt sich dieser Versuch des Zusammenführens. Es wird »wiedergutgemacht«, was der kleine Junge (und der Pubertierende) getan hat: nämlich die Spaltung der Welt in den guten Vater und die böse Mutter. Seine »Liebesleistung«, durch die beide Frauen viel gewinnen, könnte man als die Versöhnungsgabe an diesen teils von innen kommenden, teils von außen forcierten Spaltungsvorgang ansehen. Nun werden beide Frauen in ihrer Eigenart gesehen und gewürdigt – und geliebt. Er ist treu – allen wichtigen Menschen gegenüber. Das heißt: Er kann Menschen in seinem Inneren lebendig bleiben lassen. Nachdem Carry schon lange tot war, gab er einmal ein langes Interview. Er erzählte darin sehr offen über seine Familie und seine Gefühle gegenüber dieser Familie. Die harsche Abwertung der Mutter ist – gegenüber früheren Erzählungen – darin gemildert. Er versucht, auch ihr gegenüber Gerechtigkeit walten zu lassen. Auch dies scheint ein Produkt der »Wiedergutmachungsarbeit« in seinem Liebesleben.

Nun gibt es natürlich gar nicht so selten Menschen, die zwei Partner lieben und dies auch leben. Ich denke, daß man sehr genau hinsehen muß, bevor man sie über einen Kamm scheren kann. Vermutlich finden wir dabei immer wieder solche Formen, die man mit Recht als ein kleines »Kunstwerk« bezeichnen könnte. Häufiger allerdings, so sagt mir meine Erfahrung, mißlingen diese Entwürfe. Irgendeiner ist immer unzufrieden, es wird keine Gleichmäßigkeit der Gefühle erreicht, die heikle Balance zerbricht. Bei Peter haben alle Mitspieler gewonnen, alle haben bei diesem guten Teamwork nach bestem Wissen und Können mitgearbeitet. Es ist ein Team von Künstlern, das hier am Werk war.

Warum bin ich am Leben?

Eigentlich, so sollte man meinen, darf kein gesunder Mensch sich ein Leben lang diese existentielle Frage stellen und nie eine zufriedenstellende Antwort finden. Eine Frage, die Peter so sehr verunsicherte, daß er sich nirgends daheim fühlen konnte, daß er sich auch nicht zutraute, ein Kind zu zeugen und zu erziehen. Peter hat aus dieser Frage heraus sein Leben gestaltet. Er hat mit dieser Frage über sich und andere Unglück gebracht, aber auch viel Schönes. Carry hat durch ihn ein neues Leben geschenkt bekommen – eines, das sicher nicht sehr glücklich war, aber es war für sie eben doch akzeptabel und mit vielen Glücksmomenten versehen.

So, wie diese Liebesgeschichte nun einmal gelaufen ist, kann man sie ruhig als »geglückt« bezeichnen. Natürlich ist auch viel Leid entstanden durch alle handelnden Personen; aber niemand glaubt ja, daß Liebe immer nur glückselig machen muß.

Die Grundfrage, die Peters Leben durchzieht: Warum bin ich hier?, diese Grundfrage wird wohl nie ganz gelöst. Aber – und hier können wir wiederum der Theorie von Melanie Klein folgen – sie ist gemildert. Peter fühlt sich durch seine Lebens- und Liebesleistung selbst ein Stück mehr identisch mit sich selbst. Er hat etwas »wiedergutgemacht«. Nicht nur am Objekt erfolgt »Wiedergutmachung«, heißt es; zur wahren Kunst gehört auch, daß der Künstler selbst sich wiederum ein Stück mehr mit sich versöhnen kann. Ich glaube, Peter hat dies geleistet.

Der schmale Grat zwischen Liebe und Freundschaft

Wo endet Freundschaft zwischen Mann und Frau, wo beginnt die Liebe? Gibt es dafür Kriterien? Robert und Elvira sind ein Paar, bei dem man diese Fragen immer wieder aufwerfen kann.

Robert galt im Kollegenkreis als schwierig und interessant. Er war Musiker (Cello) in einem guten Orchester in der Provinz, und niemand zweifelte daran, daß er auch in einem wirklich berühmten Orchester hätte Karriere machen können. Aber irgend etwas ging immer schief: zu wenig Protektion, eine ungeschickte Art, sich zu präsentieren, Intrigen... Robert aber schien auch nicht überwältigend ehrgeizig, und so machte er aus seinem manchmal etwas langweiligen Leben in N. kein Drama des verkannten Genies. Er hatte sehr viele andere Talente – vielleicht ein wenig zu viele, als daß er sich so ganz und gar auf die Musik zu konzentrieren vermochte?

Robert war ein etablierter Junggeselle. Fragten ihn in Weinlaune Kollegen oder Freunde ein wenig aus, dann wurde er verlegen. Er murmelte etwas von »noch nicht die Richtige...« oder auch »immer alle verheiratet«. Die Wahrheit war, daß er immer wieder einmal Beziehungen zu Frauen, die verheiratet – also unerreichbar – waren, einging, daß er aber in dem Moment, in dem eine solche Frau sich von ihrem Mann trennen wollte, jedesmal einen Rückzieher machte. Er litt oft, hatte Liebeskummer, aber die Vorstellung, sich wirklich binden zu müssen, war ihm unerträglich.

Die weiblichen Mitglieder des Orchesters redeten bald einmal von seiner »Bindungsscheu«, seinem »schizoiden Charakter« und ähnlichem mehr. Es hätte wohl einige Anwärterinnen auf seine Gunst gegeben, aber im Laufe der Jahre – Robert war nun schon über vierzig – wurde seine freundliche Unnahbarkeit auch wiederum uninteressant. Mit Robert war nicht zu rechnen. Ab und zu sah man ihn mit einer Frau (meist war sie attraktiv), aber Nachfragen wich er aus.

Daß er mit Elvira, einer Mittfünfzigerin, oft zusammensaß, sich mit ihr im Restaurant und im kleineren Kreis auch zu Hause traf, fand niemand erstaunlich. Elvira, eine Geigerin, die im gleichen Orchester spielte, war eine attraktive Frau, wenngleich für Robert ganz sicherlich zu alt, von ein wenig welker Schönheit der ehemals »rassigen« Frau. Sie sprühte vor Lebhaftigkeit, Geist und Witz. Sie war immer bereit, für die Rechte der Jüngeren sowie der Frauen im speziellen (die es im Orchester nicht leicht hatten) einzutreten, sich über alle möglichen Ungerechtigkeiten in der Welt aufzuregen und auch etwas dagegen zu tun. Ein kleiner Posten ehrenhalber bei Greenpeace brachte sie in die Welt der Politik; in der Gefangenenbetreuung war sie ebenfalls engagiert. Da sie alles andere als der Typ »Sozialarbeiterin« war, bekam sie in jeder dieser Organisationen mehr Respekt zugebilligt, als es sonst üblich ist.

Elvira war geschieden, hatte viele Freunde und Freundinnen; Robert war offensichtlich einer unter vielen, oder vielleicht doch mehr? Es war sehr schwer, sich auf die beiden einen Reim zu machen. Manchmal konnte man an ein Liebespaar denken, dann wieder dominierte das Kumpelhafte. Aber immer war Robert in ganz besonderer Weise bemüht, Elvira einen Platz freizuhalten, wenn man gemeinsam ausging mit ein paar Orchesterleuten; er brachte sie im Auto nach Hause, er verfaßte zu ihrem 55. Geburtstag ein langes und sehr witziges Gedicht, dem man sehr viel Liebe und Verständnis anmerkte. Hatten die beiden nun etwas miteinander? So fragten sich viele.

Elvira und Robert machten zum Beispiel kein Hehl daraus, daß sie gemeinsam nach Griechenland gefahren waren – zu Roberts Interessen gehörte die Antike –, und Elvira schwärmte geradezu in Jungmädchenmanier davon, wie gut Robert Bescheid gewußt hatte und wie klug die Reise geplant gewesen war. Auch der Sonnenaufenthalt im Ferienhaus in Südfrankreich schien sehr gelungen; zwei Freundinnen von Elvira waren dabeigewesen, man hatte lange Radtouren unternommen und abends am Kaminfeuer musiziert. (Elvira spielte dabei die Bratsche.) Alle vier hatten offensichtlich diese Ferien als außerordentlich lustig und erholsam empfunden.

Man konnte Elvira und Robert manchmal auch im Theater oder im Kino antreffen. Trotzdem dachten viele, daß es zwischen ihnen »nichts gäbe«. »Die sind kein Liebespaar«, konstatierten auch die Freundinnen nach dem Frankreich-Aufenthalt.

Sie waren es auch nicht. Es stellte sich nur von Mal zu Mal heraus, daß sie sich hervorragend in ihren Interessen ergänzten, daß sie auf ihre lustig-ironische Weise ganze Abende lang miteinander lachen konnten und daß auch die erweiterte Perspektive, die Robert im Musikalischen bewies, für Elviras Musikverständnis viel brachte.

Es gab keine körperlichen Intimitäten. Für Robert waren dazu andere Frauen da. Ein Wangenkuß bei der Begrüßung und beim Abschied – das war alles. Robert bewunderte Elviras guten Geschmack bei ihrer Garderobe, er gab Gutachten über neue Frisuren ab und versuchte häufig, sie zum Schminken zu bewegen. Dann gefalle sie ihm besonders gut, meinte er. Elvira freute sich darüber, vergaß es aber übrigens auch ab und zu, weil es letztlich nicht so wichtig war. Elvira war mit dieser Form der Beziehung sehr zufrieden. Durch eine sehr schwierige Ehe gebeutelt, wollte sie sich nie mehr in eine solche Art der Verzweiflung, die die Liebe zu einem Mann erzeugt hatte, hineinziehen lassen. Sexualität war immer schwierig gewesen, in ihrem Alter wollte sie eigentlich davon nichts mehr wissen. Roberts zärtliche Liebe war für sie genau das richtige.

Elvira, deren Geschichte ich besser kenne als die von Robert, war von Kindheit an in ein schwieriges Verhältnis zu Männern verwickelt gewesen. Die leichtlebige, erst 19jährige Mutter hatte Mann und Kind verlassen, als Elvira kaum älter als ein Jahr alt war. Elvira hatte die Mutter seither nur noch sehr selten zu Gesicht bekommen. Dafür aber war der elegante und charmante Vater – bitterböse auf seine ungetreue Frau – als strahlende Idealfigur in die Bresche gesprungen. Die kleine Elvira sollte nichts vermissen, sie wurde nach Strich und Faden verwöhnt, natürlich auch von verschiedenen »Tanten«, die sich als Babysitterinnen anboten. Elvira wußte, wie man manipuliert. Die »Tanten« durften gern Schokolade und Spielsachen mitbringen, aber Elvira gab unmißverständlich kund, daß der Vater ihr gehörte, ihr ganz allein. Der schwache und in seine reizende Tochter verliebte Vater wurde immer wieder in große Konflikte gestürzt. Elvira aber siegte jedesmal, wenn es gefährlich wurde. Schlimmstenfalls wurde sie krank. Der Vater war und blieb eine strahlende Figur in Elviras Leben, bis sie acht Jahre alt war. Dann aber gab es einen Riß. Es tauchte eine Frau auf, die ganz und gar nicht in die

Kategorie der »Tanten« einzuordnen war, die auch, ohne daß man Elvira gefragt hatte, in das Haus einzog – mitten hinein in das Tochter-Vater-Idyll. Sehr schnell gab es eine kleine Schwester, und Elvira konnte nur noch ohnmächtig feststellen, daß sie nunmehr eine ganz normale Familie wurden. Es gab das Paar, es gab die kleine sehr niedliche Schwester und für Elvira gab es nur mehr die Rolle der »Schwierigen«. Diese spielte sie auch reichlich gekonnt aus. Ihre große musikalische Begabung tat noch ein Übriges: Elvira war nicht nur ein schwieriges und launenhaftes, häufig unpäßliches Kind, sie war eben auch ein hochbegabtes Kind, dem man schon einiges nachsehen mußte. Und der Vater? Er wand sich in Zweifeln und Selbstzweifeln, verwöhnte trotz mütterlicher Proteste seine Tochter weiterhin, allerdings eher heimlich; versprach ihr, daß sie wieder allein leben würden, wenn Elvira es mit der ungeliebten Stiefmutter nicht aushielte – und brach natürlich das Versprechen. Elvira war hin- und hergerissen. Sie notierte alle »Verfehlungen« der bösen Mutter, als der Vater in den Krieg ziehen mußte, zerriß das Papier aber, wenn er auf Urlaub kam. Als der Vater sehr früh starb (Elvira war damals Anfang zwanzig), war sie monatelang untröstlich.

All das war keine gute Vorbedingung für eine Ehe – und es sollte auch alles andere als eine gute Ehe werden. Der Ehemann war untreu, unbeständig, charmant und klug: also eine Mischung, die recht nahe an Elviras Vater heranreichte. Trotzdem brauchte sie lange, bis sie einer Scheidung zustimmte. Immer wieder versuchte sie die Ehe zu kitten, auch als der Ehemann schon längst eine feste Freundin hatte, mit der er zusammenlebte. Elvira wandte sich nie mehr einem Mann zu.

Das also war die Vorgeschichte von Elviras Beziehung

zu Männern, bevor sie Robert traf. Und es scheint – zumindest war dies allen ihren Kommentaren zu entnehmen –, daß dies nun wirklich Erfüllung und Glück für sie bedeutete. Wie lange all das dauerte? Vielleicht fünf oder sechs Jahre. Denn Elvira wurde krank. »Multiple Sklerose« hieß die furchtbare Diagnose, die sehr schnell Schluß machte mit Elviras Beruf als Geigerin im Orchester. Robert war fassungslos. Seine Bemühungen um Elvira verstärkten sich. Es gab nichts, was er nicht für sie tat: einkaufen, Theater trotz ihrer Behinderung, Konzerte. Er ließ sogar sein Auto so umbauen, daß Elvira bequemer sitzen konnte, später konnte auch ihr Rollstuhl darin untergebracht werden. Daß Elviras Krankheit ungewöhnlich schnell voranschritt, wollte er nicht gelten lassen; nach wie vor sollte sie jeden interessanten Film, jedes neue Theaterstück sehen. Er überhäufte sie mit Lektüre, er las ihr vor, als sie nur noch schlecht sehen konnte.

Wie ein reizender und höflicher Liebhaber brachte er ihr wöchentlich die schönsten langstieligen dunkelroten Rosen. Nichts war zu unbequem, nichts zu teuer.

Er kämpfte mit Elviras Tochter um das Privileg, sie pflegen zu dürfen, wollte sie unbedingt zu sich nach Hause nehmen. Ferien mit einer seiner – natürlich verheirateten – Freundinnen ließ er ohne weiteres sausen, weil Elvira sonst allein gewesen wäre.

Als Elvira ins Krankenhaus kam und er sich von ihr verabschiedete, sagte er: »Du weißt, daß du die wichtigste Frau in meinem Leben bist.« Elvira sagte dazu nicht viel, aber irgendwie hatte sie es immer gespürt. Elviras Tod schließlich stürzte ihn in eine tiefe Depression, aus der er monatelang nicht herausfand. Auch heute, einige Jahre später, hat er sich noch immer nicht gebunden.

Elviras Bild findet sich in seinem Arbeitszimmer, es stehen immer Rosen davor.

Ist das Liebe? Dieses Verhältnis zu einer mütterlichen Freundin, die man in irgendeiner Weise auch erotisch anziehend findet, aber nie berühren möchte?

Und auf Elviras Seite? Hat ihre Angst, sich wieder zwanghaft an jemanden zu binden, ihr die Liebe zu einem Mann verwehrt? Kann man sagen, daß beide die ihnen gemäße Art von Liebe gefunden haben, obwohl sie beide sicher als »bindungsscheu« eingestuft werden könnten?

Was ist »bindungsscheu«? Es läßt sich nicht leugnen, daß beide in sehr tiefer Weise miteinander verbunden waren. Sicher hätten sie beide ein intimes Zusammenleben aber nicht gewollt und wohl auch nicht zustande gebracht. Auch wenn Roberts Bekannte der Meinung sind, er wolle eben immer nur Frauen, die ungefährlich sind und nichts von ihm wollen – das kann nicht so recht stimmen. Robert war doch durchaus bereit, für Elvira alles mögliche zu tun, sich unangenehmen Situationen auszusetzen, Opfer zu bringen. Hat er also vielleicht Angst vor Sexualität? Zwar war Elvira fünfzehn Jahre älter, aber das gibt es schließlich nicht ganz so selten; auch mit diesem Altersunterschied sind sexuelle Bindungen durchaus möglich. Und Robert hat sicher normalerweise keine Angst vor Sexualität.

Auch wenn wir nicht allzuviel vom Vorleben der beiden wissen: daß sie vorsichtig waren, weil Intimität, Verpflichtung und Erotik – diese schwierige Melange – ihnen schon böse Stunden beschert hat, scheint klar. Sie waren aber durchaus fähig, Bindungen, auch verpflichtende, einzugehen – es mußte allerdings immer die Möglichkeit der Distanz gegeben sein. Ihre Liebe, die viele wohl einfach »Freundschaft« nennen würden (sie selbst haben dies auch getan), trug viele Züge der »Mann-Frau«-Beziehung und war doch hauchfein davon unterschieden. »Ich hätte sie heiraten sollen«, hat Robert im ersten Kummer über ihren Tod einmal geäußert. Schwer zu sagen, ob er dies wirklich so meinte. Aber es zeigt doch, daß hier die Grenze zwischen Freundschaft und Liebe immer wieder unsichtbar wurde.

Beide aber haben in dieser Liebe das gefunden, was ihnen wohltat, beide konnten einander das, was sie wollten und brauchten, auch geben. Viele sozusagen »offizielle« Liebespaare erfahren dieses beglückende Erlebnis nie.

Für die Aussparung des Sexuellen gibt es eine Erklärung, nämlich die »Inzestscheu«. Das heißt, daß Robert in Elvira vielleicht eine idealisierte Mutter gesehen hat, die dann natürlich unnahbar bleiben mußte. In Elvira hatte er eine Frau gefunden, die selbst mit Sexualität (aus welchen Gründen auch immer) nicht viel zu tun haben wollte. Und Elvira konnte im flatterhaften Robert wohl auch einen Vater erspüren. Dies würde also gut »passen«. Aber es erklärt nicht, wieso gerade diese beiden sich gefunden und so sehr geliebt haben, daß Robert noch immer nicht zu einem unbeschwerten Leben zurückgefunden hat und Elvira wohl für immer seine große und unerreichbare »Geliebte« geblieben ist.

Elviras sexuelle Zurückhaltung ist aus ihrer Vorgeschichte leichter zu erklären. Der geliebte und letztlich doch auch »untreue« Vater (zumindest im Erleben des kleinen Mädchens) steht zwischen ihr und der Männerwelt. Es ist für manche Frauen schwer, sich von diesem Bild zu lösen und einen fremden Mann zu akzeptieren, vor allem: ihn sexuell zu akzeptieren.

Von diesem Gesichtspunkt aus ist Elviras Scheu sicherlich als defizitär anzusehen. Elvira ist sexuell gehemmt, kann sich nicht an Sexualität erfreuen.

Was sie aber daraus – gemeinsam mit Robert – »gemacht« hat, das ist eine Form der Liebes-und Lebenskunst, die man bewundern muß. Sie hatte nämlich Erotik ganz und gar nicht aus dieser Beziehung ausgespart. Es war jedem Beobachter klar, daß hier Flirt und erotisches Interesse bei beiden Partnern eine wichtige Rolle spielten. Wenn man das Paar beobachtete (so sagen alle, die näheren Umgang mit ihm hatten), gab es keinen Zweifel daran, daß hier nicht nur Kumpel zusammenklebten. Sie hatten zwar etwas »Kumpelhaftes« an sich, überhöhten aber genau diesen Zug so sehr ins Groteske, daß man spürte, dies war nur eine Art »Tarnung«. Was aber wurde getarnt? Nicht im üblichen Sinne eine darunterliegende sexuelle Beziehung – die hätten sie ohne weiteres ja auch offen ausleben können. Es war eher eine wiederum erotisch getönte Lust am »als-ob«, eine Art dauerndes Rollenspiel, das eine sozusagen ziselierte Form der Wahrheit dieser Beziehung darstellte. Auch diesem Rollenspiel könnte man den Rang eines Kunstwerks zubilligen.

Wohl möglich, daß das Wort »Inzesttabu« hier wirklich seinen Platz hat. Was die beiden aus dieser Scheu, die aus dem Inzesttabu stammt, gemacht haben, hat aber etwas mit einem Kunstwerk zu tun. Ein Kunstwerk, das ihrer beider Leben geprägt hat, das ihnen viele Freuden und im Falle Roberts auch viel Kummer gebracht hat. Die »Ausarbeitung« dieser Liebe (so kann man es wohl nennen) hat einige Jahre in Anspruch genommen. Elvira hat einmal einer Freundin erzählt, daß sie manchmal eifersüchtig gewesen sei, wenn Robert ihr – ziemlich undurchsichtig – von irgendwelchen Aktivitäten außerhalb der kleinen Stadt erzählte, wenn er in den Ferien nicht mit ihr, sondern mit irgendeiner Unbekannten verreiste und von dort Postkarten schrieb. Sie hätte sich aber gehütet, je zu fragen; das wäre ihnen sicher nicht gut bekommen. So hat also auch Elvira alles getan, um das feine Gebilde nicht mit groben Händen anzufassen. Als eine Freundin sie fragte, ob sie nicht manchmal auch eine Liebesbeziehung im normalen Sinn wünsche, hatte sie gemeint: »Was heißt denn normal? Das ist doch meist nur irgendein kompliziertes Herumgekaspere...«

Nun, unkompliziert erscheint die Beziehung zwischen Robert und Elvira auch nicht gerade, aber vielleicht hatte Elvira recht; hätten sie die zarte Erotik ihres Zusammenseins auch sexuell ausgelebt, dann wäre die Beziehung nicht so haltbar gewesen. Die Scheu der beiden – neurotisch oder nicht – hatte etwas Neues geschaffen, was so oft nicht vorkommt zwischen Männern und Frauen: eine erotische Freundschaft ohne Sexualität, die im seelischen Bereich offenbar ganz und gar ausschließlich war. Jedenfalls behauptet Robert nach wie vor, daß keine Frau für ihn an Elvira heranreichen könne. Ob das länger so geblieben wäre? Natürlich weiß das keiner.

Da die psychoanalytischen Liebestheorien ohne das Element eines sexuellen Begehrens, das sich auf die geliebte Person richtet, und seiner geglückten Erfüllung nicht auskommen, gelingt die »Einordnung« dieser Liebe nur sehr schwer. In den Liebestheorien der Psychoanalyse kommt sie jedenfalls in dieser Weise nicht vor. Gemessen an diesen Theorien ist sie unvollständig. Sieht man in ihr ein Kunstwerk, dann ist es leichter, auf allzu festgelegte Kriterien zu verzichten, wenn man diese

Liebe mit einem Werturteil belegt. Denn bekanntlich gibt es für die Bewertung von Kunstwerken wenig ganz und gar klare Kriterien. Dem entspricht natürlich auch die Tatsache, daß auch andere Menschen in ihrer Beurteilung immer wieder geschwankt haben. Es ist eben nicht so einfach, ein Kunstwerk zu beurteilen, vorgegebene Schablonen nützen dabei nichts.

Freundschaft? Liebe? Erotik? Sex? Wir befinden uns in einem theoretisch undurchschaubaren und unbebauten Grenzgebiet.

Liebe lieber ungewöhnlich

Die beiden Schwestern genossen in der Kleinstadt ein gewisses Ansehen, weil recht bald klarwurde, daß beide ungewöhnlich intelligent waren. Man wunderte sich übrigens ein wenig darüber, machte wohl auch die eine oder andere spöttische Bemerkung, denn die Eltern, Besitzer eines ewig unaufgeräumt wirkenden Ladens, in dem neben Papier, Heftklammern und Marmeladegläsern auch Nähseide, Nadeln und ähnliches verkauft wurden, galten nämlich allgemein als nicht gerade besonders helle. Die beiden Töchter aber – »Hut ab«, pflegte der Besitzer des nebenan gelegenen Gemüseladens zu sagen, »die beiden Töchter könnten glatt meine eigenen sein«, und dann lachte er über seinen Witz, den alle Kunden seit Jahren kannten.

Was aber zeichnete diese beiden aus?

Nun, zuallererst einmal hatten beide – Käthe und Edith – in der Schule brilliert. Käthe hatte auf Anraten des Lehrers ohne Mühe die zweite Klasse übersprungen, und Edith hätte dies vermutlich genausogut geschafft, wenn sie nicht von ihrem achten Lebensjahr an recht häufig im Geschäft ausgeholfen hätte, denn die Mutter mußte irgendeiner geheimnisvollen Krankheit wegen oft in die Kreisstadt fahren. Beide Schwestern hatten immer alle möglichen Preise eingeheimst, durften bei Festen die Festgedichte vortragen, und bei der alljährlichen Ausstellung, die die Zeichenlehrerin veranstaltete, prangten fast alle Zeichnungen von Edith an den besten Plätzen. Bei einem Zeichenwettbewerb auf Landesebene hatte sie den ersten Preis gemacht. Ihre Aquarelle waren zart und schön; der Notar hatte sie sogar gebeten, einige ihrer Blumenbilder kaufen zu dürfen. Natürlich wollte Edith dafür kein Geld annehmen, aber der freundliche Herr, der um die Geldnöte der Familie wußte, drängte es ihr auf. Käthe hingegen sorgte bei jedem Schulfest für die musikalische Umrahmung. Ihr Klavierspiel wurde von Jahr zu Jahr besser, und viele meinten, sie würde später einmal sicher eine berühmte Pianistin.

Daß Käthe überhaupt Klavierspielen lernen konnte, verdankte sie eigentlich einer Großtante, die dem begabten Mädchen erlaubt hatte, auf ihrem eigenen Klavier zu üben, und auch die Klavierstunden bezahlte. Diese Großtante sorgte im übrigen dafür, daß die Eltern die begabten Kinder auch wirklich gewähren ließen und ihnen nicht etwa die Zukunft eines schäbigen Ladens aufhalsten.

Jedermann war es zufrieden, daß die beiden Schwestern solch eine Mäzenin hatten, denn niemand neidete den beiden ihre Möglichkeiten. Diese in einer Kleinstadt ungewöhnliche Tatsache war ziemlich leicht zu erklären: Käthe und Edith waren nämlich von früh an besonders häßliche Kinder gewesen. Edith glich – man mußte es einfach so ausdrücken, und natürlich taten dies viele auch – einer spitznäsigen Ratte. Ihre dürftigen hellen Haare lagen glatt am Kopf, ihre fahlen blauen Äuglein lagen tief in den Höhlen, und das ganze Gesicht war irgendwie zu schmal, falsch proportioniert – mit einem Wort: häßlich. Die ältere Käthe galt als die »Schönere«, aber das war nur relativ zu sehen. Eine teigige Haut, hellbraune dünne Haare und ein fast völliges Fehlen von Augenbrauen gaben ihrem Gesicht ein solch fades Flair, daß man einfach darüber hinwegsehen konnte. Schärfere Beobachter – und der erwähnte Notar gehörte übrigens dazu – konnten allerdings sehr wohl sehen, daß die beiden Schwestern hinter ihrer wenig attraktiven Fassade auf den zweiten Blick in gewisser Weise reizvoll sein konnten: wenn sie nämlich redeten, mit kurzen und prägnanten Sätzen irgendeinen Sachverhalt aufspießten, witzige und treffende Kommentare zum Stadtgeschehen abgaben. Er unterhielt sich daher gern mit ihnen. Wann immer er sie in der Stadt traf, er blieb stehen, fragte sie nach ihren Ansichten zu irgendwelchen kleinstädtischen Begebenheiten – und nahm ihre Meinungen, je älter sie wurden, immer ernster. Auch dies trug zum Renommee der beiden bei. Man sah die beiden Schwestern übrigens recht häufig zusammen, sie schienen sich selbst zu genügen. Engeren Kontakt zu den anderen Jugendlichen des Ortes gab es selten.

Käthe besuchte das Gymnasium, für Edith reichte offenbar das Geld nicht mehr, und so machte sie, während Käthe zum Studium in die Großstadt fuhr, eine Verwaltungslehre in einer Baufirma der Kreisstadt.

Käthe allerdings studierte nicht Musik, sie hatte sich für Mathematik entschieden und wollte später einmal

Gymnasiallehrerin werden. Sie hatte fest vor, ihrer Schwester dann, wenn sie einmal verdienen würde, doch noch eine Universitätsausbildung zu ermöglichen. Edith allerdings schaffte in solch kurzer Zeit einen rasanten Aufstieg, daß es dazu nie kam. Sie rückte nämlich in jungen Jahren zur Verwaltungsleiterin einer großen Klinik auf und verdiente mehr als ihre studierte Schwester Käthe.

Das Leben der beiden verlief in ruhigen und überschaubaren Bahnen. Sie galten als ein wenig sonderbar – vermutlich ihrer Kontaktscheu wegen; man nahm es ihnen aber nicht weiter übel, sie waren nirgends wirklich Konkurrenz, vor allem nicht bei den stets wechselnden Partnerschaftsspielen der Jugendlichen. Sie zählten in dieser Beziehung einfach nicht und hatten offenbar auch nicht das Bedürfnis, hier mitzuhalten.

Käthe spielte nach wie vor hervorragend Klavier. Das wurde allgemein festgestellt und ohne Neid kommentiert. Daß die beiden wenig attraktiven Schwestern unverheiratet bleiben würden, galt als ausgemacht. Wie gut, daß beide solch qualifizierte Berufe hatten!

Irgendwann mischte sich in Käthes Klavierspiel eine Geige. Woher die wohl kam?

Natürlich blieb in der kleinen Stadt nichts ein Geheimnis: Es war Max, der da mit Käthe musizierte. Natürlich! – wie passend – so kommentierte man, nun schon ein bißchen weniger freundlich – Max, der affengesichtige Konditorssohn, das paßte wirklich!

Max war sozusagen das männliche Gegenstück zu den beiden Schwestern – mit Abstand der unattraktivste junge Mann des Ortes, ebenfalls ein recht kluger Mensch, der ohne viel Aufsehen und Mühe Gymnasium und Universität absolviert hatte und nun als Bauingenieur in der Großstadt arbeitete. Sein Vater, ein angesehener Konditor, galt als ein reicher Mann und war es wohl auch.

Nun also: Max und Käthe – noch immer war man großmütig, spottete nur manchmal über einen vermutlich wenig attraktiven Nachwuchs und hoffte, dieser möge zumindest männlichen Geschlechts sein.

Nun, so weit war es noch nicht. Ihre Beziehung wuchs langsam. Eingefädelt wurde sie von Max' ehemaligem Geigenlehrer, einem behäbigen und recht rundlichen alten Herrn, der auch Käthe kannte, weil er eben öfters bei den Schulfesten anwesend war und Käthes Musikalität bewundert hatte. Dieser Musiker nun hatte einmal in kleiner Runde mit seinen besten Schülern musizieren wollen, und es lag nahe, Käthe dazu einzuladen. Eigentlich mochte Käthe solche Einladungen nicht. Das Musizieren wäre schon recht gewesen, aber das Geplaudere hinterher, die anzüglichen Gespräche der Jugendlichen, die Tratschgeschichten, in die sie nicht eingeweiht war: Das alles schüchterte sie ein, langweilte auch, und so hatte sie beschlossen, eine Krankheit der Mutter vorschützend, gleich nach dem Musizieren nach Hause zu gehen. Sie fand den Musiklehrer, Herrn Wolf, zwar recht nett, aber auch ein wenig langweilig. Er war ein begeisterter und auch recht guter Musiker, konnte aber zur Unterhaltung wenig mehr beisteuern als irgendwelche musikhistorischen Kenntnisse. Berühmt, oder eher: berüchtigt war er dafür, daß er seinen jugendlichen Schülern gern einiges aus Mozarts Briefen vorlas, eine, wie er meinte, geeignete Lektüre für junge Menschen, weil bekanntlich Mozart oft recht drastische Ausdrücke verwendet hatte. Er wollte damit seinen Schülern den Musiker auch menschlich nahebringen und zeigen, daß auch er selbst nicht prüde war. Er erreichte damit allerdings nicht die beabsichtigte Wirkung. Man fand Mozarts Briefe »eklig« und machte sich hinter Herrn Wolfs Rücken über ihn lustig. Dennoch mochte man ihn auch, und die begabteren unter den Schülern waren dankbar, daß in der kleinen Stadt solch ein guter Lehrer sich niedergelassen hatte.

Nun, an diesem Abend also spielte Käthe mit Max gemeinsam (Max war der Vorzeigeschüler von Herrn Wolf!) eine Sonate von Schubert. Sie hatte selbst das Gefühl, daß sie ungewöhnlich gut spielte. Der Applaus war denn auch groß, sie wurde freundlich auch von den jüngeren Männern zur Kenntnis genommen und Max – ja Max schien fast so etwas wie verliebt. Käthe sah – für ihre Verhältnisse – gar nicht so schlecht aus: rosig überhaucht, die etwas plumpe Figur in einem farbigen Pullover versteckt, mit strahlenden Augen um sich blickend. Nein, wirklich häßlich konnte eine solch begabte und kluge Frau gar nicht sein, fand Max. Es wurde ein langer Abend, Max und Käthe unterhielten sich miteinander so gut wie schon lange nicht.

Max begleitete Käthe nach Hause, er kam wieder, er verstand sich gut mit der Schwester Edith, und die nun schon recht gealterte und wohl auch geistig abgebaute Mutter erkundigte sich jeden Tag, ob denn der nette Herr Max nicht wieder käme. Der nette Herr Max tat es Eigentlich tat er es mit jedem Tag lieber.

Die spitzgesichtige Edith war so rücksichtsvoll, die beiden immer öfter alleinzulassen. Über Ediths Gefühle dabei herrscht Unklarheit. War das kleine rattengesichtige Mädchen wirklich so altruistisch, wie es schien? Käthe sagte einmal, daß sie ihre Schwester »für eine Heilige« hielt. Vielleicht war sie es wirklich? Jedenfalls

Edith freute sich offensichtlich, wenn Max ein wenig Leben in das etwas einsame Häuschen brachte, wenn musiziert wurde und wenn Max offenbar sehr interessiert ihren eigenen Berichten über das wirklich recht spannende Innenleben eines Krankenhauses lauschte. Edith, die gern kochte, freute sich auch darauf, Max erlesene Gerichte zu servieren. Die alte Mutter bestand ja sonst auf einem recht eingeschränkten Speisezettel, und Edith hatte das ewige Einerlei von Hackfleichgerichten mit Karotten und Bohnen satt.

Käthe und Max galten nun als ein Paar. Man sah sie weniger, als daß man sie hörte. Es hatten sich die zwei Richtigen gefunden. Wann wohl Hochzeit sein sollte?

Nun, damit würden die beiden sich Zeit lassen. Sie wollten auf eine Eigentumswohnung sparen, die Heirat konnte noch ein wenig warten. Beide waren auf dem Gebiet der körperlichen Liebe recht unerfahren. Zwar hatte Max, wie es in unserer Gesellschaft üblich ist, etwas bessere Möglichkeiten. Ein- oder zweimal hatte sich nach einer Studentenparty ein halb betrunkenes Mädchen nicht gegen seine Werbung gewehrt – aber Max wußte sehr wohl, daß bei nüchternem Licht betrachtet seine Chancen gering waren. Er wußte dies natürlich auch von seiner Käthe. Manchmal hatte er in dieser Beziehung schon an andere Frauen gedacht; aber alles in allem war er sehr zufrieden mit seiner begabten und gescheiten Frau, zu der ihre Schülerinnen mit Respekt und ein wenig Furcht emporsahen.

Käthe war zaghaft, was die körperliche Liebe anging. Max fühlte sich aber wohl bei ihr – vielleicht auch deshalb, weil sie ihn nicht einschüchterte? Er konnte sich »erfahren« fühlen, und sein geringer Vorsprung in diesen Dingen gab ihm Selbstvertrauen. Max, der in seiner

Jugend unter dem gnadenlosen Spott seiner Kameraden gelitten hatte, blühte auf. Alles ging ihm leicht von der Hand, seine Karriere schien gesichert. Er sollte zuerst noch für einige Monate in eine weitentfernte Stadt, um eine Spezialausbildung zu absolvieren – aber nachher sollte man wohl mit der Hochzeit nicht mehr allzulange warten. Edith überlegte sich schon das Menü. Den beiden Brautleuten allerdings wäre es lieber gewesen, man hätte ganz allein geheiratet, aber das hätte Edith gekränkt. Eine Feier im Hause der Braut im kleinsten Familienkreis sollte es sein; der Termin allerdings war noch nicht festgelegt.

Zuerst aber mußte Max noch zu seinem Praktikum fahren. Aber was war ein Vierteljahr! – Man hatte schon längere Zeit gewartet.

Der erste Besuch Maxens in der Kleinstadt sollte an Ostern stattfinden, Edith freute sich ganz offen, Käthe schien nur nach außen hin gelassen. Seine Briefe waren ein wenig nüchtern, das Schreiben war nicht unbedingt seine Sache, Käthe hatte richtig Sehnsucht nach ihrem Verlobten, sie wollte wieder einmal ganz direkt wissen, ob er noch so viel für sie empfand. Die etwas geschnörkelten und stets wiederholten Schlußfloskeln am Ende eines jeden Briefes »Dein Dich ewig liebender…« waren denn doch nicht sehr aussagekräftig. Sie ging nun, wenn sie daheim war, öfters zum Konditor, der sie immer mit freundlichem Spott empfing. Seine Anspielungen waren meist ein wenig grob, allzu zweideutig für die zart empfindende Käthe. »Na na, das wird ein Fest, wenn er wiederkommt, ein Fest der Sinne…«, fügte er dann schwülstig und mit gedehntem Akzent hinzu. Käthe, die strenge kluge Mathematikerin, errötete wie eine zarte Jungfrau. Sie fühlte sich aber auch ein wenig geschmeichelt. Ja, sie gehörte nun dazu, sie gehörte zu den Frauen, die man ernst nahm. Arme Edith, die dies nie erleben würde! Und Käthe nahm gleich nochmals einen jener wunderbaren Schokoladekrapfen mit, die Edith so gern aß.

Als Max mit bleichem Gesicht, hohläugig und selbst in Käthes Augen ungemein häßlich, schließlich mit ziemlicher Verspätung ankam, schnürte es ihr sofort die Kehle zu. Ihr wurde kalt; Max sprach nichts, auch nicht, als Edith die beiden alleinließ, weil auch sie sofort merkte, daß irgend etwas Fürchterliches sich anbahnte. Eine lange Zeit verging.

Käthes Schrei ließ sie aus der Küche stürzen. Sie sah, daß Max Käthe, die offenbar mit beiden Händen auf ihn eingeschlagen hatte, festhielt, während diese immer wieder »Eine Hure, eine Hure, eine gottverdammte Hure...« schrie. Mehr war aus ihr nicht herauszubringen.

Irgendwann war Max lautlos verschwunden. Der Tatbestand war einfach und trist genug. Edith gelang es schließlich, Käthe ein paar Sätze zu entlocken. Max hatte eine Frau kennengelernt: »Nichts Ernstes, wirklich nicht, ich liebe nur dich...«, aber diese Frau war schwanger geworden, und Max hatte versprochen, sie zu heiraten.

Es war für Käthe, die sich sehr ernsthaft zu den Gesetzen der katholischen Kirche bekannte, klar, daß eine Abtreibung nicht in Frage kam. Aber heiraten? Sollte die »gottverdammte Hure« doch sehen, wie sie damit fertig wurde. Sie wäre bereit, alles zu akzeptieren, ja, sie würde auch zahlen für dieses »gottverdammte Balg« – (Edith kannte ihre Schwester kaum mehr!) –, aber ihr das anzutun...

Aber Max schien entschlossen. Er hatte es Traudl versprochen. Traudl, die aus »gutem Haus« kam, deren Eltern ihn sehr freundlich aufgenommen hatten und die fest auf ihn bauten.

Was Max nicht erzählt hatte: Er mochte diese Traudl sehr. Natürlich, es war nicht dasselbe wie mit Käthe, aber irgendwie war sie doch recht reizvoll; viel lustiger als Käthe, unbeschwert und, wenngleich keine Schönheit, doch ganz hübsch. Max war, das gestand er sich selbst ein, sehr überrascht gewesen, daß er bei einem solch netten Mädchen aus gutem Haus überhaupt Chancen hatte. Nein, er konnte sie nicht der »Schande« preisgeben, und in jener Zeit bedeutete es wirklich eine »Schande«, wenn man ein uneheliches Kind hatte. Seine Verlobung mit Käthe hatte er natürlich heruntergespielt. Ja, es gab da eine aus dem Städtchen, ach, na ja ... eine Jugendgeschichte... Traudl mochte glauben, daß es sich um irgendeine kleine unbedeutende Dorfmieze handelte, die man leicht abschütteln konnte.

Diese Ostertage würde Edith nie vergessen. Es war der schwärzeste Karfreitag, den sie je erlebt hatte. Sie ging gebrochenen Herzens zur Kirche. Die traurigen Karfreitagsgesänge der Katholiken hatten sie noch nie so sehr berührt wie damals. In einer plötzlichen Anwandlung von Angst aber sprang sie mitten in den Zeremonien auf und lief nach Hause. Käthe war eben dabei, alle verfügbaren Schlaftabletten in einem Wasserglas aufzulösen. Edith konnte ihr das Glas gerade noch rechtzeitig aus der Hand schlagen. Ein Splitter traf Käthes Hand, und Edith würde nie das entsetzliche Bild vergessen: Käthes blutverschmiertes Gesicht (sie war sich mit der blutenden Hand über die Wangen gefahren), ihre leeren Augen und die wimmernde Stimme, mit der sie immer wieder rief: »Laß mich sterben, laß mich sterben...«

Der Arzt wurde gerufen; er gab Käthe eine Beruhigungsspritze, damit sie nach drei Tagen Schlaflosigkeit endlich wieder einmal durchschlafen konnte. Der dicke alte Arzt murmelte verständnisvoll etwas von »Nervenzusammenbruch, den jeder einmal absolvieren muß«. Es war natürlich klar: Jeder in der kleinen Stadt wußte um die Tragödie, und Käthe schwor, diese Stadt nie wieder zu betreten. Sie würde von nun an nur noch im Haus bleiben, mochte Edith alle Außenverpflichtungen wahrnehmen.

Käthe konnte sich nicht so schnell beruhigen, wie der Arzt gemeint hatte. Sie verweigerte die Aufnahme der Arbeit, sie blieb einfach im Bett liegen. Irgendwann willigte sie ein, eine »Kur« zu machen. Dies war der Kompromiß, den man suchte, weil man sie nicht in eine psychiatrische Klinik einweisen wollte. Sie blieb monatelang stumm, teilnahmslos. Ediths Besuche aber schien sie zu mögen; manchmal lächelte sie, manchmal fragte sie sogar nach der Mutter.

Was Edith lange Zeit nicht wußte: Sie hatte auch wieder Kontakt zu Max aufgenommen, zuerst voll Verzweiflung, mit Bitten, doch die Hochzeit hinauszuschieben, sich nochmals mit ihr zu treffen, mit Drohungen, mit Erpressungen. Max besuchte sie in der Klinik, blieb aber unerbittlich. Er versprach, nie mehr mit Traudl zu schlafen, die Ehe sollte nur eine Scheinehe werden – Max versprach alles, auch wenn es noch so unsinnig war, denn er war zu jenem Zeitpunkt schon verheiratet, und Traudl lag bereits im Wochenbett.

Max hätte sich natürlich jederzeit absetzen können von diesem Unglück, das er da verschuldet hatte. Schließlich: Was war passiert? Ein sitzengelassenes Mädchen – nichts weiter. Die geopferte Jungfräulichkeit galt auch zu jener Zeit nicht mehr besonders viel, wenn auch Käthe zwischendurch das erhabene Gefühl in sich nährte, sie sei nun »geschändet«. Aber Max war verantwortungsbewußt, ihm lag viel an Käthe, und so leicht ließ er sich selbst nicht davonkommen. Also besuchte er Käthe immer wieder einmal – zuerst in der Klinik, dann in ihrer Wohnung. All dies mußte natürlich vor Traudl geheimgehalten werden. Max war in keiner beneidenswerten Lage, und Traudl übrigens auch nicht. Natürlich war ihr inzwischen klargeworden, daß es sich nicht nur um eine kleine unbedeutende Liaison gehandelt hatte. »Ich habe nur einen halben Mann«, hatte sie traurig zu einer Freundin gesagt, als diese sie im Krankenhaus besuchte, um zur Geburt des Sohnes zu gratulieren.

Natürlich erfuhr Käthe auch davon, wenngleich Max nur sehr selten in der Stadt auftauchte.

Nun würden die beiden klugen und häßlichen Schwestern also wieder abtauchen in das Dunkel ihrer Einsamkeit, so dachte man in der Stadt. Übrigens war die »Sensation« nicht sehr bedeutend und viel weniger nachhaltig, als Käthe mutmaßte. Die beiden waren eben immer nur sehr wenig präsent gewesen im Leben der Kleinstadt, man vergaß sie. Käthe wurde tatsächlich so gut wie nie mehr gesehen, und Edith lief in ihrer grauen Kittelschürze wie ein Schatten durch die Läden, um das Nötigste zu erstehen. Die Mutter hatte man schon lange nicht gesehen, übrigens hatte sie das Ganze nur noch am Rande ihres Wahrnehmungsvermögens aufgenommen. Es konnte passieren, daß sie – aus einem Dämmer erwachend – noch drei Jahre später fragte, wo denn der »Herr Max« bliebe.

Käthe glaubte noch einige Zeit an Maxens Versprechen, er werde nur eine »Scheinehe« führen. Als die

Kunde von der Geburt des zweiten Sohnes zu ihr drang, seufzte sie allerdings nur noch müde. Vermutlich hatte sie das Ganze sowieso schon seit längerem bezweifelt.

Max wurde im Städtchen wieder häufiger gesehen, allerdings so gut wie nie mit Ehefrau. Man wußte, daß es eine gab, die Eltern sprachen von ihr, manchmal waren auch kleine Kinder zu sehen, die von der Konditorsfrau betreut und stolz als »unsere zwei Thronfolger« präsentiert wurden. Es waren hübsche Kinder mit dunklen Locken und lustigen Stupsnasen.

Edith hatte in einer weiter entfernten Stadt nun eine noch bessere Tätigkeit gefunden und besaß dort eine Wohnung. Jede mögliche Ferienzeit allerdings verbrachten die beiden in ihrem alten Elternhaus, das nun sorgfältig gepflegt wurde. Und auch Max war wiederum häufig zu sehen. Die ganze Sache ging also weiter.

Aber wie?

Es war ein kompliziertes Arrangement, das diese drei Menschen getroffen hatten, übrigens hatten sie es nicht besprochen, abgemacht oder irgendwie besiegelt. Es war ein Arrangement, das sich ergeben hatte, das aber im Laufe der Jahre ausgefeilt und verfeinert wurde. Es war eine *menage à trois*, wenngleich nicht im üblichen Sinn. Käthe hatte eingesehen, daß ein außereheliches sexuelles Verhältnis das fragile Gleichgewicht zunichte machen würde. Sie war klug genug zu begreifen, daß auch Vorwürfe und Anklagen, ja selbst Klagen zu nichts führen würden. Und sie spürte, daß sie nach wie vor geliebt wurde – in welcher Weise, das wußte sie aber nicht, denn darüber wurde nie mehr gesprochen. Sie wußte, wie sehr sie selbst Max liebte; sie konnte ihm nun auch verzeihen, wenngleich noch immer eine wunde Stelle da war und wohl immer bleiben würde. Sie sah Max nun auch in seiner Schwäche; sie sah aber auch sein Verantwortungsbewußtsein, seine durchaus männlich zu nennende Art, mit seiner Schuld umzugehen. Er war nicht geflohen, er hatte sich dem Unglück gestellt, das er angerichtet hatte. Käthe mußte all dies gar nicht explizit denken, um ihn zu respektieren. Käthe hatte sich ein Leben eingerichtet, das für sie lebbar war, das noch viele Freuden bereithielt. Wer hätte ihr das damals sagen können, als sie der festen Überzeugung gewesen war, daß nur der Tod Erlösung bringen konnte?

Welche Freude zum Beispiel, eine solche Schwester zu haben! Die beiden bewunderten einander rückhaltlos. Sie tauschten ihre Berufserfahrungen aus, sie entwickelten gemeinsame Interessen. Eine davon war das Reisen. Wie viele unterhaltsame Stunden hatten sie schon damit verbracht, Kataloge anzuschauen, Reisen bis ins kleinste zu planen und dann die aufgeregte Vorfreude des Aufbruchs zu genießen!

Ihre größte Aufregung aber galt einem Hobby, das keiner verstehen konnte (einem Psychoanalytiker wäre es sicher nicht schwer gewesen, darin etwas sehr Bedeutsames zu sehen!). Es waren die Reisen zu noch nicht erloschenen Vulkanen. Drohte irgendwo ein Ausbruch, dann versuchten sie es so einzurichten, daß sie vor Ort waren; je gefährlicher, desto besser.

Schwer zu sagen, was sie dabei fühlten. Psychoanalytiker würden sicher vom verschobenen Orgasmus sprechen, aber sicherlich erfaßt diese banale Deutung – selbst wenn etwas Wahres dran sein sollte – nicht das ganze reichhaltige Erleben. Sublimierung? Abwehr? Die beiden Schwestern waren sich jedenfalls darin einig, daß es nichts Gewaltigeres gab als einen solchen Ausbruch aus den Tiefen der Erde. Es wurde ihnen dabei seltsam erhaben zumute, sie konnten kaum darüber reden oder taten es nur in kleinsten Andeutungen. Es hatte sich nach so vielen gemeinsamen Reisen schon ein Repertoire an nur ihnen verständlichen Andeutungen ausgebildet: »Wie in Fuerto ... leuchtender als in Gran Morcho ... das Blaue: siehst du?«

Max bekam viel davon mit, aus zweiter Hand. Sie brachten Fotos, Bücher; sie lasen viel über fremde Länder und Kulturen, auch Anspruchsvolles wie Mircea Eliade oder Lévi-Strauss.

Max fand manchmal, daß – verglichen damit – sein Leben banal war. Was hatte er schon zu bieten? Ein wenig Handwerkererfahrung, wenn die Dachrinne undicht war oder die Heizung erneuert werden mußte. Mitzufahren getraute er sich aber nicht. Er hatte die Toleranz seiner Ehefrau schon sehr weit strapaziert; sie hatte sich ein eigenes Leben aufgebaut, mit vielen Freundinnen, einem Leben, das die Kinder weitgehend ein- und ihn ausschloß. Beide waren damit einigermaßen zufrieden. Traudl aber mied die Kleinstadt; sie wußte sehr gut, was dort ablief, und versuchte nicht mehr, es zu verhindern. Geredet wurde darüber nicht, das hatte man hinter sich, nach einigen sehr heftigen Disputen in den Anfangsjahren. Traudl glaubte Max übrigens, daß zwischen ihm und den Schwestern »nichts lief«.

Natürlich glaubte man dies in der Stadt nicht so recht. Die drei waren irgendwie seltsam, nicht sehr beliebt. Die beiden Schwestern galten nämlich als »Prozeßhanseln«. Hier wurde allzuviel Lärm produziert, dort fielen die Blätter eines Baumes in den eigenen sorgsam gepflegten Garten, und da waren Pflastersteine so bröckelig, daß man stolpern konnte. Manchmal gewannen sie solche Prozesse, manchmal auch nicht. Man konnte mit ihnen schwer reden. Tobte sich hier gekränkte Liebe und Eitelkeit aus? Jedenfalls gab es eine ganze Menge an scheinbaren oder wirklichen Ungerechtigkeiten, die sie per Gericht ausfechten ließen.

Max gehörte zum Straßenbild, vor allem seit er in Rente gegangen war. Er verbrachte die meiste Zeit in der Vaterstadt; bediente manchmal in der Konditorei, die jetzt seiner Schwester und dem Schwager gehörte, machte Späße mit den Kunden und sah übrigens nun, im Alter, auch ganz passabel aus. Er war freundlich, er war beliebt. Seine Frau tauchte ab und zu auf, aber da dies seltene Ereignisse waren, vergaß man sie immer wieder. Es hieß, daß sie als großmütterliche Babysitterin sehr angestrengt sei und daher wenig Zeit fände, ihren Mann zu besuchen.

Max wurde nie mit Käthe gesehen; die jüngeren Einwohner wußten gar nichts mehr von der Geschichte und hätten sie wohl auch nicht besonders interessant gefunden.

Vielleicht ist sie es auch nicht?

Ich glaube allerdings, daß sie eine wohl seltene Lebensmöglichkeit aufzeigt. Doch die Frage lautet zuerst: Wer lebt hier wohl auf wessen Kosten? Lebt überhaupt irgendeiner auf des anderen Kosten? Ist das überhaupt eine relevante Frage?

Lassen wir noch einmal die Psychoanalyse in ihren eher trockenen Konstrukten zu Worte kommen:

Die Liebe von Käthe und Max konnte zuerst noch nicht eine wirklich »reife« Liebe sein – die beiden waren jung und unerfahren; außerdem waren sie voller Minderwertigkeitskomplexe, so daß der andere jeweils vor allem der Bestätigung diente. Trotzdem haben sie ganz offensichtlich nicht nach dem »Nächstbesten« gegriffen, sondern durchaus ihre gegenseitigen Stärken erkannt und sich auch darin bestätigt. Das ist schon eine gute Vorbedingung. Da beide in ihrer Umgebung durch gesellschaftliche Vorurteile als unattraktive Partner gekennzeichnet, gehemmt und unsicher waren, haben sie allerdings nie gelernt, sich auch in aggressiver Art und Weise auseinanderzusetzen. Ihre zögerliche Art, mit Sexualität umzugehen, verweist darauf, daß auch in diesem Bereich ihre Aggression nicht wirklich »funktionierte«. Die sogenannten »ödipalen« Strebungen in der Sexualität beruhen ja unter anderem auch darauf, daß der Mann sich als »phallisch-aggressiv« erweist, die Frau sich ihm in Leidenschaft öffnen kann und nicht nur passives Objekt bleibt. All dies hat bei Max und Käthe nicht sehr gut geklappt; weder konnten sie in ihrer Beziehung noch in ihrer Sexualität kraftvoll und wenn nötig auch aggressiv miteinander umgehen.

Die von C. G. Jung so genannte »Puella aeterna«, der der »Puer aeternus« auf der männlichen Seite entspricht, ist eben eine, die sich nie wirklich als eine leidenschaftliche und reife Frau empfindet, sondern voll von Komplexen immer noch ein wenig die scheue Jungfrau in sich spürt. Dieser Frauentyp war übrigens in manchen Zeiten durchaus en vogue und galt sogar oft als ein Ideal. Das scheue unerweckte junge Mädchen wechselte dann in die Rolle der ebensowenig erotischen mütterlichen Hausfrau über, der man Leidenschaft und sexuelle Interessen kaum zutrauen konnte. Dies galt nicht immer als Manko; Käthe lebte in einer Übergangszeit (in den fünfziger Jahren, Kleinstadt!), wo die sexuell interessierte und wagemutige Frau noch immer eher eine Ausnahme war und recht schnell als »Hure« beschimpft wurde. Es waren also auch gesellschaftliche Bedingungen, die ihren Reifeprozeß verzögerten.

Und bei Max war es nicht sehr viel anders; allerdings gab man ihm von gesellschaftlicher Seite her eben doch mehr Chancen; und die hat er wohl auch ergriffen – zumindest, was die sexuelle Seite betrifft. Was ihn an Traudl dann letztlich fasziniert hatte, war ihre sehr viel weiterentwickelte Sexualität – wenngleich ihm schon klar war, daß sie in Hinblick auf Begabung und persönliche Differenziertheit mit Käthe nicht konkurrieren konnte. Wäre sie nicht schwanger geworden, so äußerte er sich einmal, dann hätte es wohl nicht geklappt mit ihnen. Er hätte seine nunmehr größeren und wichtigen sexuellen Erfahrungen wohl mit Käthe teilen können? – das ist denkbar.

Käthes Verzweiflung ist verständlich, wenn man ihre Lage bedenkt. Ihre Aggressionshemmung hat sich in dieser Extremsituation ganz besonders destruktiv ausgewirkt: als Selbstdestruktion mit einem Selbstmordversuch und monatelanger Depression. Man kann nicht sagen, daß sie hier besonders »reif« reagiert hat.

Schuldbewußtsein auf der einen Seite, selbstdestruktives Verhalten auf der anderen: Das sieht erst einmal nicht besonders vielversprechend aus für die beiden Liebenden.

Aber erstaunlicherweise gelingt es eben doch, das Gefühl der Zusammengehörigkeit zu erhalten. Ist die »Opferung« der Sexualität der Preis dafür? Sexualität ist in einer intimen Beziehung sicher wichtig – unverzichtbar! würden viele Psychotherapeuten sagen. Aber wer hat hier Maßstäbe? Offenbar war es für Käthe nicht gar so schlimm, darauf zu verzichten; Sex war nicht das wichtigste Bindeglied. Viel wichtiger waren ihr Gespräche, das gemeinsame Musizieren, die Freude am geglückten Spiel, der Austausch über Bücher. Vielleicht hätte sie die Freude an der Sexualität ja noch entdeckt – ihre Stärke war es, diese Freude nicht auf jeden Fall anzupeilen, obwohl auch sie sicher Sehnsucht nach Zärtlichkeit kennt. Sie hatte klugerweise darauf verzichtet. In der Sexualität auch noch die zweite Geige zu spielen: Das wäre vielleicht allzu beschämend und kränkend für ihr Selbstgefühl gewesen. Und sicher hätte ein Verhältnis mit einem verheirateten Mann der frommen Katholikin allzu große Schuldgefühle beschert. Sie hat einen anderen, für sie schonenderen Weg gewählt.

Ihre Beschränkung auf das »Machbare« und damit die Fähigkeit, ihre Kränkung zu überwinden, haben ihr ein einigermaßen erfülltes Leben auch im Bereich menschlicher Beziehungen beschert. Die Leidenschaft für das Reisen, vor allem das merkwürdige Interesse für tätige Vulkane, weist eventuell auch auf gewisse Leerstellen in dieser Beziehung hin. Als wirkliches Defizit aber, das nicht mehr sublimierend aufgehoben werden kann, erscheint dann allerdings die »Prozeßsucht«. Wen wollte sie denn bestrafen? Warum mußte sie immer wieder den »wahren« Schuldigen suchen? Warum sah sie so viel Unrecht, das ihr »angetan« wurde? Das alles könnte man mutmaßen, wenn man ihre weitere Lebensentwicklung betrachtet.

Zwischen Großmut und Klugheit, die auf eine sogenannte »reife« Ichstruktur verweisen, sind grobe Defizite angesiedelt. Sie sind sicher vorgeprägt durch die Kindheit als Ausgeschlossene, immer ein wenig Bemerkenswerte (positiv und negativ), und sicher noch verfestigt durch die große Enttäuschung ihres Lebens.

Was aber hatte Käthe befähigt, sich in einer Weise

mit ihrem Schicksal zu arrangieren, die nicht nur ihr, sonder ihrem ganzen kleinen Kosmos (der Schwester und Max) allzuviel Kummer ersparte? (Wir sehen dabei ab von Traudl, die hier vielleicht sogar als die Beklagenswerteste dasteht, aber von ihrem Schicksal wissen wir wenig.)

Es scheint eine Kombination von Frustrationstoleranz, Einfühlung in das, was man dem anderen (in diesem Fall: Max) an Schuldgefühlen und einer gewissen Kränkungstoleranz zumuten kann. Diese befähigt sie zum Verzeihen.

Natürlich kann man – andersherum – sagen: Man muß in ihrer Lage vielleicht auch einiges verleugnen, was im Leben sehr wichtig ist, nämlich das Bedürfnis nach Sexualität und Zärtlichkeit, das Bedürfnis nach Geborgenheit. Letzteres allerdings scheint Käthe in recht hohem Maß erfüllt zu bekommen – aber die Beziehung zu einer Schwester so dicht zu gestalten, ist natürlich auch wiederum eine Leistung.

Daß es sich beim asexuellen Leben von Käthe nicht nur um Sublimierung handelt, sondern daß hier auch Verdrängung in einem nicht unbedingt gesundheitsförderlichen Sinn eine Rolle spielt: Wer könnte das übersehen, wenn man die etwas skurrile Lebensart der beiden sowie ihre Streitsucht bedenkt?

Natürlich weicht ihr Leben in recht krasser Form vom »Durchschnittsleben« ab, aber gerade in bezug auf das, was man eben »Liebe« nennen kann, scheint es doch – unter Einbezug aller Umstände – geglückt.

Was aber ist das »Geglückte« an diesem Kunstwerk, das ja auch wiederum eine »Teamarbeit« darstellt, zu der jeder in diesem Dreieck etwas ganz Spezifisches beigetragen hat? Max hat sich, wie oben erwähnt, seiner

Schuld »gestellt« und lief nicht davon. Damit hat er sozusagen das Grundmaterial für diese Liebe vorbereitet. Er hat schrecklichen menschlichen Situationen standgehalten – sowohl als er Käthe die Wahrheit sagte als auch danach. Wie oft fliehen Menschen (Männer allzumal!) solche Bekenntnisse! Es werden dann Ausflüchte erfunden, man schummelt, wird immer nachlässiger in seinen Besuchen, windet sich und dreht schließlich alles so, daß eben auch der andere oder »das Schicksal« schuld sind. Nicht so Max: Er erzählt sofort die volle und brutale Wahrheit, so schrecklich auch die Wirkungen sind. Diese Art von »aggressivem« Herangehen an eine menschliche Situation muß wohl mitspielen, wenn man nicht alles zerstören will, was an menschlichen Möglichkeiten übrigbleibt. Das Schaffen von Neuem verlangt auch Aggression: Herkömmliches wird überrannt, man begibt sich auf neues Terrain. In der kleinen und biederen Stadt, in der sich dieses Beziehungsdrama abgespielt hat, war all dies noch sehr viel schwieriger, als es etwa in einer Großstadt gewesen wäre – noch dazu in den fünfziger Jahren! Max nahm es auf sich, daß man (wie er vermutete) über ihn lästerte und lächelte, und auch die beiden Frauen kümmerten sich wenig um ein mögliches Gerede.

Natürlich hat Käthe den schwierigsten Teil an dieser Liebe zu gestalten.

Obwohl selbst sexuell ziemlich »unerweckt«, konnte sie (und das sagte sie im Alter einmal ganz explizit zu einer der wenigen Freundinnen, die sie hatte) gerade durch ihren Verzicht plötzlich begreifen, daß für Max etwas andere Gesetze galten als für sie, daß Max ein anderes Verhältnis zur Sexualität wollte, daß seine Schwierigkeiten, sich als Mann zu beweisen, auf andere Weise nach einer Lösung drängten als für sie. Diese Erkenntnis hatte sie sich nach langem Nachdenken und in Gesprächen mit einer Ärztin im Sanatorium errungen. An dieser Erkenntnis hielt sie ihr Leben lang fest. Ihr Drängen und ihr verzweifeltes Festhalten am alten Plan der Hochzeit mit Max (unter welchen Bedingungen auch immer) hatte sie nach und nach aufgegeben – aber nicht nur notgedrungen; sie gestaltete daraus eine neue Identität, die nichts mit der opferbereiten »Verzichtsfrau« zu tun hatte; so kam sie sich nicht vor – und nur deshalb gelang es ihr, Max nicht mit dauernden Schuldvorwürfen zu belasten; was ihn sicherlich bald einmal daran gehindert hätte, die Schwestern zu besuchen. Sie hatte begriffen, daß Max sie wirklich liebte, weil sie für ihn eine geistige Partnerin war, sie spürte wohl auch, daß Max sie auch als Frau ansah und nicht nur in einem ganz asexuellen Sinn mit ihr verkehrte.

Nichts davon wurde ausgesprochen; es war nicht die Zeit der langen und intensiv-zerredenden Gespräche. Das aber hieß, daß die Dinge wachsen konnten, daß man ausprobieren konnte, was in diese Beziehung noch hineinpaßte und was nicht. Dies ist es, was das Kunstwerk vom industriellen Fertigprodukt unterscheidet: Man muß es wachsen lassen können und darf nicht unter Termindruck stehen. Es braucht seine innere Zeit – in der Vorbereitung oder im Ausgestalten –; von außen sollte kein Druck entstehen.

Das Gespür zu entwickeln dafür, wann die Zeit reif ist, wann etwas direkt gesagt werden muß und wann Schweigen das Beste ist: Das ist es ja, was eine Beziehung festigt und Vertrauen bildet. Das ist das Kunstvolle an einer Beziehung. Gelingt dies in einer solch verwickelten und kränkungsreifen Situation, dann kann man im besten Sinn von einem Kunstwerk sprechen. Das also ist vor allem Käthes Beitrag zu einer Beziehung, die ganz konventionell gedacht war und sich in solch unkonventioneller Weise realisierte. Sie konnte den schwelenden Konflikt ihres Lebens – nicht zu wissen, wie man sich als begabte, aber unhübsche Frau Achtung und Selbstbewußtsein verschaffen kann – nicht so lösen, wie sie das eigentlich vorhatte: durch eine »ehrbare« und normale Heirat, eben ganz im Stile einer konventionellen Zeit.

Die Spannung, die dadurch entstanden ist, hat sie aber befähigt, über die Konvention hinauszugehen und in sich andere Möglichkeiten zu entdecken – die Möglichkeit, Unverzeihliches zu verzeihen und sich über eine neu entdeckte Empathie für Max ein Selbstwertgefühl unkonventionellerer Art zu verschaffen und damit gut lebbare Beziehungen herzustellen.

Und Edith? Wie hat sie vor der Krise ihren Neid besiegt? Wie hat sie nach der Krise Schadenfreude vermieden? Sind Bewunderung und Liebe zur Schwester wirklich geeignet, sich von Neid freizumachen? Ist ihre Bereitschaft, zurückzutreten, nicht als eine altruistische Abtretung dieses Neides anzusehen, etwas, das Psychoanalytiker als »Abwehr« bezeichnen? In diesem Fall wird es besonders schwierig, ein Werturteil zu vermeiden. War sie es, die mehr als ihre Schwester darauf bestand, Prozesse zu führen, die »Ungerechtigkeiten« begleichen sollten? All dies ist nicht bekannt, muß aber doch als Frage aufgeworfen werden. Auf jeden Fall ist so viel bekannt: Sie trägt zum Gelingen der *menage à trois* durchaus konstruktiv bei; sie ist eine wunderbare Gefährtin ihrer Schwester und hat am Kunstwerk dieses Lebens teil.

Die erste und die letzte Liebe

Brigitte, eine heute über fünfzigjährige Frau, erinnert sich noch sehr genau daran, wie es war, als sie Bertolt zum erstenmal sah. Sie erzählt: »Ich war mit meiner Freundin im Garten, es waren Ferien, und wir haben ein kompliziertes Ballspiel geübt. Da kam Anna mit Bertolt die Treppe herunter, er ist hinter ihr gegangen. (Anna ist eine Cousine, die ihren »Bräutigam« der Familie vorstellen wollte.) Ich sehe ihn noch vor mir: hinter ihr, auf der obersten Treppenstufe stehend, groß, schlank, blond und für meine Begriffe wunderschön und männlich. Ich habe in diesem Augenblick einen Stich gespürt, der mir buchstäblich durch den ganzen Körper gegangen ist. Ich war damals erst dreizehn Jahre alt.«

Nun, solche Schwärmereien einer Halbwüchsigen kennt man ja. Sie vergehen nach einem Sommer, wenn sie überhaupt so lange halten.

Nicht so bei Brigitte. Von diesem Sommertag an war sie fast ausschließlich erfüllt von Gedanken an Bertolt, und dies sollte noch Jahre hindurch dauern.

Brigitte versuchte von nun an pausenlos, einen Blick von Bertolt zu erhaschen. Stundenlang stand sie in jenen Ferien am Fenster und sah zum Haus hinüber, in dem er wohnte. Manchmal konnte sie einen Schatten vorbeihuschen sehen. Manchmal traf sie ihn »zufällig« auf der Straße, und natürlich war er immer sehr freundlich zu seiner jungen Verwandten.

Mit dem Ende des Sommers war, wie gesagt, Brigittes Schwärmerei noch längst nicht zu Ende. Brigitte malte in alle ihre Schulhefte Bertolts Initialen, sie versuchte, möglichst viele Nachrichten über Bertolt zu sammeln. Ihre Eltern waren an Bertolt und Anna allerdings nur mäßig interessiert. Immerhin gab es zu erzählen, daß nunmehr die Hochzeit stattgefunden habe (man lebte zu weit entfernt, um daran teilzunehmen) und daß Anna eine entzückende Braut gewesen sei. Brigitte gab es bei solchen Berichten einen Stich. Eine andere Anekdote allerdings erfreute sie: Bertolt sei bei dieser Hochzeit so betrunken gewesen, daß er das Zimmer seiner jungen Frau nicht gefunden habe. Anna habe in der Hochzeitsnacht bitterlich geweint. Es war nicht auszumachen, ob diese Dinge wirklich stimmten, Brigitte allerdings nahm sie begierig auf.

Als die Hochzeitsbilder eintrafen (man hatte die weit entfernt lebenden Verwandten höflich damit beglückt), stürzte sich Brigitte darauf. Sie konnte sich nicht satt sehen an Bertolt, der so schön war wie immer. Annas Bild allerdings störte ihre Andacht, die sie vor Bertolts Bild allabendlich pflegte. Kurzerhand schnitt sie Annas Kopf aus dem Foto heraus.

Bis dahin hatte noch niemand Kenntnis von Brigittes Gefühlen genommen, auch die neugierige Mutter wußte nichts davon. Leider aber war Brigitte einmal über ihrer Abendandacht eingeschlafen, und die Mutter entdeckte das Bild – etwas zerknittert – unter Brigittes Kopfkissen. Die Eltern fanden die ganze Geschichte »süß«, sie neckten Brigitte ein wenig, hielten es natürlich für eine Kinderei.

In den nächsten Ferien, als man dachte, alles sei längst vergangen und vergessen, wurde – die ganze Familie liebte den Tratsch – die Episode mit dem Bild unter dem Kopfkissen weitererzählt, so daß wohl auch Bertolt davon erfuhr.

Brigittes Sommer verlief nicht viel anders als der vorige. Nur, daß sie nun ihre Freundin zwang, täglich mit dem Fahrrad am 3 km entfernten Häuschen des jungen Paares vorüberzufahren. Bevor man dort ankam, war ein Wegkreuz zu passieren. Brigitte erinnert sich, daß sie jedesmal ein Stoßgebet zum Gekreuzigten sandte: »Bitte, lieber Gott, mach, daß ich ihn sehe.« Ihr Wunsch wurde ziemlich oft erfüllt: Entweder grüßte er aus seinem Auto heraus, oder man konnte ihn von weitem im Garten sehen. Ob er damals schon von Brigittes Liebe wußte? Brigitte nimmt es an. Ab und zu blieb er sogar stehen und sprach mit den beiden Mädchen ein paar Worte. Brigitte war froh, daß die wortgewandte Freundin dabei war, sie selbst hätte vor Aufregung nicht viel hervorgebracht.

Aus dem storchenbeinigen kleinen Teenager wurde ein bildhübsches junges Mädchen, nach dem sich nun schon viele Männer umdrehten. Brigitte, der die Schule und ihre Zukunft momentan noch ziemlich egal waren, lernte schnell, wie man mit diesen Blicken und den Anbändelungsversuchen umgeht. Sie traf sich mit jungen Leuten, besuchte Kinos und Bars, begann auch zu flirten, aber alles, was sie tat, war – ihr sehr bewußt – nur in Vertretung. Ihr eigentlicher heimlicher Liebhaber war und blieb Bertolt. Wie gern hätte sie mit ihm jenen Heurigen besucht! Wie schön wäre das Bad in der Donau mit ihm gewesen...

Aber auch der nächste Sommer – Brigitte war nun sechzehn Jahre alt – brachte nicht sehr viele Fortschritte. Brigitte aber blieb in ihren Gefühlen beständig.

Es konnte nicht verborgen bleiben, daß nun auch Bertolt von der Schönheit des jungen Mädchens berührt war. Ohnehin sagte man ihm nach, daß er ein Frauenheld sei und daß seine junge Gattin in dieser Beziehung schon einigen Kummer erlebt habe. Also blieb Bertolt wohl auch etwas länger stehen, um mit Brigitte zu plaudern. Einmal nahm er sie im Auto mit und fuhr mit ihr Baustellen ab (Bertolt war Baumeister) – ein unvergeßlich schönes Ereignis, das Brigitte mit vielen neuen Gedanken und Gefühlen erfüllte, obwohl auf dieser rund einstündigen Fahrt nichts Bemerkenswertes passierte; nicht einmal die Konversation war besonders ergiebig gewesen, weil Brigitte vor lauter Aufregung wieder einmal die Worte wegblieben.

Es ereignete sich aber gerade am letzten Ferientag nun doch etwas so Wunderbares, daß Brigitte es eine Zeitlang für eine Phantasie hielt. Bertolt sagte ihr nämlich beim Abschied, daß er im Herbst ab und zu nach K. fahren müsse, um einen Fortbildungskurs zu besuchen. Ob man sich da nicht auch einmal treffen könne? Brigitte wisse ja wohl, wo man vielleicht an einem Abend gut essen gehen könne?

Von da an begutachtete Brigitte jedes Lokal, von dem sie gehört hatte oder in das sie von einem ihrer zahlreichen Bewunderer eingeladen wurde, mit den Augen von Bertolt. Würde er eher etwas Rustikales wollen? Oder eher vornehm? Eher ein Nobelheuriger? Oder ganz einfach etwas mit blankgescheuerten rohen Tischen im Garten?

Bertolt rief wirklich eines Tages an: er sei in K., und am nächsten Abend sei er frei. Ob Brigitte...? Brigitte war gerade an jenem Abend zu einem Gartenfest eingeladen; selbstverständlich sagte sie alles ab, erzählte daheim irgendeine fromme Lüge und saß schließlich beim »einfachen« Heurigen, wirklich und wahrhaftig mit Bertolt höchstpersönlich. Schon die Autofahrt hinaus ins Grüne war wunderbar gewesen. Daß trotz eines ansonsten eher regnerischen Herbstes gerade an jenem Tag wunderbares Sommerwetter herrschte, betrachtete Brigitte als ein gutes Vorzeichen.

Brigitte wußte nicht, was sie von Bertolt wollte, sie wußte eigentlich gar nicht, was man wollen könnte. Nur ein Gedanke huschte ab und zu durch ihren Kopf: Wie es wohl wäre, wenn Anna durch eine unheilbare und zum Tode führende Krankheit...? Aber eigentlich wollte sie solche furchtbaren Gedanken auch gar nicht zu Ende denken, schon um des kleinen Jungen willen nicht, den die beiden seit eineinhalb Jahren hatten.

Der Abend war in jeder Hinsicht wunderbar. Bertolt sparte nicht mit Komplimenten bezüglich Brigittes Aussehen (Brigitte hatte sich aber auch sehr gut überlegt, was sie anziehen wollte). Er war höflich und zuvorkommend und benahm sich überhaupt in einer gekonnten Mischung zwischen älterem Verwandten und Bewunderer. Das Schönste: Man kam überein, daß solche Abende, aber vielleicht ja auch schnelle Treffen, z.B. in der Mittagspause, von nun an immer möglich sein müßten. Denn Bertolts Kurs sollte mehr als ein Jahr lang dauern, er würde immer wieder nach K. kommen.

Eigentlich hätte – wäre die Fiktion des »väterlichen Verwandten« aufrechterhalten worden – ja alles ganz legal und ohne Geheimhaltung vor sich gehen können. Aber ohne daß darüber geredet wurde, war klar, daß Geheimhaltung nötig und wichtig war, natürlich nach beiden Seiten hin.

Brigitte war inzwischen Praktikantin in einem Modegeschäft. 17 Jahre alt, jeden Tag hübscher und reizvoller und natürlich umgeben von jungen Männern, mit denen sie auch sehr viel Zeit verbrachte. Aber nach wie vor blieb sie innerlich Bertolts Geliebte – obwohl davon im eigentlichen Sinn gar keine Rede sein konnte.

Bertolt wahrte Abstand, Brigitte war froh darüber. Wenn er sie nach einem Abend leicht auf die Wange küßte oder auch ein wenig fester hielt, war sie glücklich und wollte durchaus nicht mehr.

Bertolt aber bewies immer klarer, daß Brigitte ihm wichtig war. Morgens, wenn sie ins Geschäft mußte, stand er da und hatte schon die besonders guten Brötchen eines ganz bestimmten Bäckers gekauft. Brigitte hätte diese Brötchen am liebsten aufbewahrt, so kostbar erschienen sie ihr.

So vergingen für Brigitte, im ganzen gesehen, glückliche eineinhalb Jahre: Bertolt wurde zum festen Bestandteil ihres Lebens. War er in K., dann wurde eine bestimmte Routine eingehalten: kurzes Treffen am Morgen, gemeinsame Mittagspause und Ausgehen am Abend, wobei lange Fahrten in die Umgebung wichtig waren.

Brigitte konnte die Zeit dazwischen ohne große Probleme durchhalten, weil Bertolt in ihrem Inneren eigentlich immer gegenwärtig war.

Die beiden konnten sich – außer im Auto – nur in der Öffentlichkeit treffen. Brigitte sagt dazu heute: »Ich habe das gar nicht als sehr schwierig empfunden; ich hatte noch nie mit einem Mann eine sexuelle Beziehung gehabt und war eigentlich in meiner Scheu auch ganz zufrieden, daß sich dieses Thema gar nicht stellen konnte. Es gab allerdings jetzt ausgedehnte Schmusereien im Auto, aber nie hätte Bertolt gegen meinen Wunsch irgend etwas unternommen.«

Wenn Brigitte in den Ferien war – wie sehr sehnte sie diese nun herbei und wäre natürlich nie auf die Idee gekommen, sie woanders als im alten Familiendomizil zu verbringen –, wurde alles noch sehr viel romantischer.

Man hatte einen alten Onkel ins Vertrauen gezogen. Dieser, ein etwas verschrobener Junggeselle, nahm sich des Paares an, als ob es sich wirklich um eine junge unerfüllte Liebe, die grausame Eltern nicht zueinanderkommen ließen, gehandelt hätte. Brigitte kann heute, als reife Frau, dieses Entgegenkommen nur mit Zwiespalt ansehen. Dieser Onkel brachte nämlich nicht nur Post hin und her, sondern gab sich sozusagen auch als Kuppler im wahrsten Sinn des Wortes. Er erlaubte das Treffen der beiden in seinem Wohnzimmer in aller Heimlichkeit. Von vorn kam Brigitte ins Haus (harmlos: einen alten Onkel besuchen), von der Rückseite schlenderte Bertolt herein. Onkel Anton, wie er hieß, servierte den beiden – wie eine alte Puffmutter – Gebäck und Wein und verschwand dann. Daß auch diese Situation von Bertolt nicht ausgenutzt wurde, überrascht Brigitte noch heute. Über die Motive von Onkel Anton allerdings wurde sie sich nachträglich klar: Man konnte durch einen Spion ins Wohnzimmer schauen; Brigitte ist sicher, daß der alte Onkel diese Gelegenheit nutzte – um so mehr, als er ganz offensichtlich an jungen Männern mehr Interesse hatte als an jungen Frauen. Damals aber kamen ihr solche Gedanken nicht.

Auch andere Möglichkeiten ergaben sich. Brigitte fuhr mit dem Rad ein Stück weit die Landstraße entlang, versteckte das Rad im Gebüsch und wartete auf Bertolts Auto. Dann fuhr man frei und ohne jede Vorsichtsmaßnahme über Land.

So kam Brigittes 18. Geburtstag. Bertolt fuhr, unter irgendeinem Vorwand nach K. Brigitte sollte sich für den Abend zurechtmachen, Bertolt hätte eine Überraschung.

Er holte sie vom Geschäft ab und fuhr mit ihr zu

einem ihr unbekannten Haus, wo ein Freund eine kleine Wohnung hatte. Diese hatte Bertolt sich »ausgeliehen«. Brigitte kann noch heute sehr eindrücklich ihre Mischung aus Erstaunen, Glück und auch ein wenig Angst schildern. Auf dem Tisch standen viele kleine, liebevollst ausgesuchte Leckereien, ein riesiger Rosenstrauß mit 18 roten Rosen war natürlich auch darauf, Kerzen, zwei schöne Gedecke. Bertolt hatte sich ungemein viel Mühe gegeben. Leise Musik: Alles war wie im Film, und so kam sich Brigitte auch vor. Ob dieses Gefühl so sehr angenehm war? Brigitte ist sich nicht so sicher, irgendwie war es auch befremdend, und bestimmt spürte sie damals, daß nunmehr Bertolts Erwartungen andere waren als bisher.

Sie plauderten, waren zärtlich. Plötzlich stand Bertolt auf und verschwand im Nebenzimmer. Brigitte hatte dort ein großes Bett gesehen und wurde immer unsicherer. Die Tür ging auf, und im Türrahmen stand Bertolt mit einer großen Geburttagstorte, auf der 18 Kerzen brannten. Er hob Brigitte auf und trug sie ins Bett, und Brigitte wußte ganz sicher, daß sie nicht zu dem bereit war, was Bertolt nun erwartete. Der Rest des Abends war schwierig. Natürlich ließ Bertolt, als Kavalier, sich nicht viel anmerken, aber Brigitte konnte sehr gut spüren, daß er enttäuscht war.

Der Abschied war wie immer. Aber von da an, sagt Brigitte, war nichts mehr wie früher.

Bertolts Kurs war nun zu Ende. Ab und zu traf man sich trotzdem, und natürlich waren da auch noch die Ferien. Nichts war abrupt zu Ende, und trotzdem war für Brigitte etwas Einschneidendes geschehen.

Eigentlich wußte sie recht genau, was es war. Naiv war sie nun nicht mehr. Sie hätte auch nicht genau sagen können, warum sie damals Bertolts Drängen nicht nachgegeben hatte. Moralische Bedenken waren es nicht, wie sie meint. Kurze Zeit später gab sie ihre Jungfräulichkeit irgendwie ganz nebenher auf – es war einfach »die richtige Zeit«. Warum nicht schon früher, bei ihrer »großen Liebe«?

Mit Bertolt traf sie sich bald nur noch bei sommerlichen Festen, bei gemütlichen Partys im kleinen Kreis. Bertolt war ein charmanter Gastgeber, besonders dann, wenn seine Frau nicht da war. Bertolt flirtete, wie Brigitte mit wehem Herzen feststellte, recht heftig und irgendwie wahllos. Offensichtlich entsprachen die Gerüchte über seine Liebe zu den Frauen der Wahrheit. Brigitte wußte nicht mehr so recht, was sie nun von ihrer eigenen Affäre halten sollte: War sie einfach »irgendeine« gewesen? Oder hatte das Bedeutungsvolle, das in ihrer Beziehung gelegen hatte, doch Einmaligkeitswert? Hatte nur sie sich alles eingebildet? Wenn sie sich zurückerinnerte: Bertolt hatte nie Aussagen über ihre Beziehung gemacht, die irgendeine gemeinsame Zukunft betrafen. Was hatte man überhaupt geredet? Brigitte wußte es plötzlich nicht mehr so genau.

Zu jener Zeit war ihr vorgekommen, daß alles so klar sei, daß jedes Wort ungemein wichtig und bedeutungsschwanger gewesen sei. Sehr viel später wurde ihr klar, daß dies eine seiner Besonderheiten war: nicht viel ausdrücklich zu sagen, aber den Anschein zu wahren, als sei alles ungemein wichtig. In ihrer Naivität war sie natürlich davon sehr beeindruckt gewesen.

Brigitte erzählt, daß sie noch jahrelang an Bertolt gedacht habe, es sei immer wieder wie ein Stich gewesen, wenn sie sich bestimmte Szenen vor Augen gerufen habe. Daß es nie ganz offiziell »zu Ende« gewesen sei, alles war ewig in die Länge gezogen, denn noch immer war Bertolt reizend und charmant. Und trotzdem – sie wußte sehr gut, daß nun alles zu Ende war.

Langsam verblaßte Bertolts Bild. Als sie ihren späteren Mann kennenlernte, war es fast verschwunden. Die Nachricht von seinem frühen Tod nahm sie relativ ungerührt zur Kenntnis; nun hatte sie zwei Kinder und einen schwierigen Mann zu versorgen, hatte finanzielle Probleme und war eben mit ihrem eigenen Leben beschäftigt.

Wenn sie aber – noch immer in den Ferien im Familiendomizil – an Bertolts Grab vorübergeht, gedenkt sie mit leiser Wehmut ihrer kindlichen ersten Liebe.

Ist das wirklich noch eine »Liebesgeschichte« zu nennen? Ist Brigitte, dieses in Projektionen und Idealisierungen befangene Kind, wirklich schon liebesfähig? Müßte man nicht sehr viel mehr über ihre Familie wissen, um sich ein klares Urteil zu erlauben? Wir wissen von Brigitte, daß sie ihren schönen und charmanten Vater sehr geliebt hat – allerdings dauernd von ihm, dem notorischen Frauenhelden, enttäuscht wurde. Bertolt paßt also gut hinein in diese Reihe; die Idee des »Inzestverbots« könnte auch hier Pate stehen. Brigitte sagt ohne jede Sentimentalität noch heute, daß sie nie mehr einen Mann so sehr geliebt hat, sie findet es aber auch jetzt noch stimmig, daß sie ihm Sexualität verweigerte. Ihre Aussage: »Es ging nicht um Jungfräulichkeit – die habe ich bald darauf verloren, auch nichts Besonderes davon hergemacht. Es war etwas anderes, ich kann nicht sagen, was es war.«

Die erste Liebe von Brigitte ähnelt also dem »ödipalen Objekt«; sie ist nicht mehr wirklich abgelöst worden von einem wirklich »fremden« Mann, dem dann ihre reife Liebe gehört.

All das mag richtig sein, es spricht vieles dafür. Und trotzdem: Die Treue, die Brigitte bewiesen hat, erlaubt es doch, ein anderes Bild zu zeichnen – auch wenn man nicht davon überzeugt ist, daß es sich um »Liebe«, wie sie herkömmlicherweise von Psychoanalytikern skizziert wird, handeln kann.

Brigitte hat geahnt, daß eine Beziehung zu Bertolt nicht möglich ist. Ihre wilden Phantasien über den möglichen Tod von Anna hat sie wohl selbst nicht ernst genommen.

Was also hat sie in ihm gesucht und vielleicht sogar gefunden?

Sie hat durch ihn – ungeachtet aller Projektionen und vielleicht auch ungeachtet ihrer Vatersehnsucht – ganz wichtige Erfahrungen gemacht, Erfahrungen, die offenbar viel wichtiger waren als die erotischen Flirts mit den Altersgenossen. Durch ihre rege Phantasie hat sie sehr viel mehr Möglichkeiten erfaßt, als die Realität damals für sie bereithalten konnte. Sie hat sich – sozusagen bereitwillig – großen Tiefen des Hoffens, des Bangens und Wartens ausgesetzt; sie hat sehr viele Überlegungen angestellt über die Beziehung zwischen Männern und Frauen, zwischen Ehegatten, zwischen Frauen, die denselben Mann lieben. Das alles hat sie intensiv erlebt – vielleicht sogar weniger bedacht als eben gefühlsmäßig erfahren. Damit hat sie einen großen Vorsprung gewonnen vor ihren Altersgefährtinnen.

Es ist jeweils sehr schwer, sich als Psychoanalytiker verständlich zu machen, wenn der Begriff »Tiefe« fällt. Was soll denn das sein: eine »tiefe« Beziehung? Ich denke, mit Fug und Recht kann man Brigittes Umgang mit ihrem »Liebesobjekt« als ein »tiefes« Gefühl bezeichnen – auch wenn darin die realistische Sicht auf die Person zu kurz kommt und die Beziehung sicher nicht den Kriterien einer »reifen« Liebe entspricht.

Natürlich gibt es Einwände dagegen: Was unterscheidet dann ein »tiefes« Gefühl von einer »süchtigen« Beziehung? Ist sie nicht durch dieselben Momente gekennzeichnet? Hier wie dort haben wir es mit dem Nicht-loslassen-Können zu tun; hier wie dort steht nicht die reale geliebte Person so sehr im Mittelpunkt wie eine Phantasieperson. Tag und Nacht sind erfüllt mit Gedanken daran.

Aber Brigitte hat eben doch ihr Leben zweigeteilt; sie hat, neben ihrem Phantasieleben, noch ein ganz reales Leben geführt und nichts von dem versäumt, was ihre Freundinnen auch erlebt haben.

Deswegen kann man sehr froh sein, daß Brigitte sich nicht nur in Träumereien verlor, wenngleich vielleicht auch etwas zu viele von ihren Gedanken darauf verwendet worden sind, sich ein Leben mit Bertolt auszumalen.

Betrachtet man die ganze Angelegenheit unter dem Gesichtspunkt der Sublimierung, dann muß man sich natürlich auch fragen, was dieses Wort im Fall Brigittes alles bedeuten kann. Sie hat kein »künstlerisch oder sozial wertvolles Gebilde« geschaffen mit ihrer frühen und noch unreifen Liebe. Ihrem Charakter aber hat sich das Erlebnis sehr deutlich eingeprägt.

In welcher Weise?

Wir können hier nur Vermutungen anstellen: Brigitte ist in großem Maß bereit, sich auf einen Mann einzustellen – allerdings nur bis zu einem gewissen Grad. Ist irgendeine Grenze überschritten, dann ist sie in keiner

Weise mehr bereit zu verzeihen. So hat sie die Alkoholsucht ihres Ehemannes lange Zeit ertragen – als sie aber irgendwann erkannte, daß alle seine Beteuerungen zu nichts führten, verließ sie ihre Ehe mit ganz ungewöhnlicher Festigkeit und mit vielen Nachteilen, die ihr daraus erwuchsen. Dies erinnert ein wenig an ihre Resistenz, als Bertolt mehr von ihr verlangte, als sie geben wollte. Sie spürte (mehr als sie dachte), daß ihre körperliche Hingabe ihr noch sehr viel mehr Leid bescheren würde, als es ohne Sexualität der Fall war. Sie spürte, daß diese »Inzestliebe« nicht dazu angetan war, sie glücklich zu machen, nicht einmal für kurze Zeit.

Aber auch ganz nüchtern betrachtet: Hätte sie sich auch auf eine sexuelle Beziehung eingelassen, dann hätte sie wirklich »in der Falle« gesessen. Ein verheirateter Mann als Liebhaber, die gesamte Familie, die daran hing: das hätte bedeutet, daß sie sehr viel mehr an Herzblut darüber vergossen hätte, als es ohnehin geschah. Nein, da gab es offensichtlich in ihrem Inneren ein Warnsignal, das sie genau beachtete. Es gehört zu ihrer Eigenart, daß sie vorsichtig mit sich selbst umgeht, ohne daß sie allzu sparsam dabei ist. Innerlich aber kann sie sich abschirmen, wenn ihrem emotionalen Gleichgewicht allzuviel Gefahr droht. Dies gibt ihrem Charakter einen Hauch von Kühle trotz aller Herzlichkeit, mit der sie anderen Menschen begegnet. Es macht ihren Reiz und Charme aus. Natürlich kann man es als eine Schwierigkeit »sich einzulassen« ansehen; dieser Begriff aber ist bekanntlich sehr überstrapaziert worden und sagt im Grunde über die spezifische Eigenart einer Person gar nichts mehr aus. Brigittes charmante Rauheit, die sie dann zeigt, wenn sie Angst hat, verletzt zu werden, ist damit sicher nicht adäquat eingefangen.

Aber wie sollte man dies auch einfangen, wenn man sich einer Figur nicht als Schriftsteller nähert?

Brigitte hat bestimmt auch noch etwas gelernt, das man in der Psychologie als »Spaltung« kennzeichnen würde. Sie hat nämlich in wichtigen Jahren ihres Lebens ein Doppelleben gelebt: Ihre Eltern, ihre Freunde und ihre Schwester durften nichts wissen von ihrem zweiten Leben. Alle wichtigen Ereignisse hat sie für sich behalten. Als ich sie einmal fragte, wie denn das eigentlich gegangen sei in ihrem normalen Schulmädchen-Dasein, wurde sie sehr nachdenklich: Sie habe oft, wenn sie lustig gewesen sei oder ängstlich wegen einer Schularbeit oder ärgerlich, wenn irgendein häusliches Donnerwetter drohte, sich »hinauskatapultiert« aus dem Geschehen und sei dann bei Bertolt gewesen. Ansonst habe sie ihn auch immer wieder vergessen können, so als sei er gar nicht am Leben.

Ist diese Spaltungstendenz neben der Funktion der Abwehr nicht auch eine kulturelle Leistung? Wie wichtig kann dies zum Beispiel im Berufsleben sein; daß Brigitte als Geschäftsfrau später immer das Gesicht wahren konnte, sich trotz vielerlei Unglück in ihrem Leben nie gehen ließ: das alles gehört doch wohl auch zum Bereich der Kultur.

Auch das Wort »Treue« ist nicht ganz klar in diesem Zusammenhang. Ein schmaler Grat nur ist es, zwischen »Treue« und zwischen einem »Nicht-loslassen-Können« zu unterscheiden. Sicher wäre es »vernünftig« gewesen, wenn sie den Klein-Mädchen-Traum vom wunderbaren Bertolt bald wieder vergessen hätte. Idealisierung ist zwar, den Liebestheorien wie der Beobachtung zufolge, ein Bestandteil der Verliebtheit, aber irgendwann sollte sie doch der Realität weichen. Und die Realität war:

Bertolt war verheiratet, hatte eine Familie gegründet und war, egal ob er Brigitte nun geliebt hat oder nicht, ziemlich unfair beiden Frauen gegenüber. Er gab sich geheimnisvoll und konnte so die Unerfahrenheit des Kindes gut ausnutzen. Dieses Kind vermutete in seinem geheimnisvollen Getue etwas ganz Besonderes; etwas, das sie zwar nicht hätte benennen können, das aber ihren Ahnungen eine Form gab. Dieses Ahnen ist sehr typisch für die noch ungeformte Erfahrung eines jungen Mädchens. Brigitte hat in ihrer ersten Liebe nie Klarheit erfahren dürfen, und auch das hat ihren Charakter geprägt. Es war ihr kaum möglich, Wut zu empfinden, wie es bei einem ersten Enttäuschungserleben oft der Fall und auch ganz gesund ist. So ist sie stehengeblieben bei einem wehmütigen Erstaunen darüber, was einem mit einem Mann alles passieren kann. Eine gewisse Realitätsuntüchtigkeit in dieser Beziehung hat sie ihr ganzes bisheriges Leben nicht verlassen. Natürlich könnte man dies als pathologisch bezeichnen. Aber auch das gehört natürlich zu Brigittes Charakterstruktur und übrigens auch zu ihrem Reiz: etwas Jungmädchenhaftes, Naives – so, als würde sie noch immer ihr Fahrrad nehmen und im Wald auf Bertolt warten.

Wäre Brigitte imstande, daraus ein Gedicht zu machen oder eine Novelle zu schreiben, dann bestünde kein Zweifel an ihrer Sublimierungsfähigkeit. Sie hat aber »nur« ihren Charakter daraus geformt, und so muß es unklar bleiben, ob dies genügt, um von Sublimierung zu sprechen.

Man könnte Brigittes Schwierigkeiten mit der Sexualität (die sie ihr ganzes Leben lange hatte) natürlich als »Liebesunfähigkeit« begreifen. Ob aber die volle genitale Sexualität wirklich als ein unverzichtbares Kennzechen der Liebesfähigkeit angesehen werden kann? Man wird skeptisch, wenn man sich andere Epochen und andere Zeiten ins Gedächtnis ruft. Waren die vielen Frauen des 19. Jahrhunderts, die eine volle sexuelle Befriedigung aus Gründen einer sexualfeindlichen Erziehung nie kennenlernten, wirklich nicht liebesfähig?

Meine eigene Großmutter, die fast ihr ganzes Leben lang stolz war auf ihr Desinteresse an Sexualität, bekam in hohem Alter einmal ein Aufklärungsbuch für uns junge Mädchen in die Hand. Offenbar hatte sie so etwas noch nie gelesen. Sie war vollkommen verblüfft und erschüttert. »Das hätte man uns zu lesen geben müssen« sagte sie kopfschüttelnd, »dann wäre mein Leben anders verlaufen!« Meine Großmutter war eine liebevolle und sorgsame Ehefrau, eine gute Mutter, eine Haufrau, die ihren großen und eleganten Haushalt sehr gut zu leiten verstand: an ihr war – nach damaligem Begriff – nichts auszusetzen. Ich weiß, daß mein Großvater ihre sexuelle Kühle bedauerte, aber nicht als unnormal empfand. Auch er liebte sie so, wie sie war. Meine Mutter erinnert sich an die Gespräche ihrer Mutter mit ihren Freundinnen; alle diese Frauen, so erzählte sie, waren sich einig darin, daß »diese Sache« etwas Lästiges, Anstößiges sei, das man den Männern aber zugestehen müsse. Aber dies habe ihre Zuneigung zu den Ehemännern nicht weiter beeinträchtigt.

In unserer Zeit wird die Wichtigkeit der sexuellen Erfüllung in besonderem Maß betont – nicht immer übrigens zur Erhöhung der sexuellen Lust, manchmal verhindert es, wie man weiß, sogar die sexuelle Erfüllung.

Es wäre leicht, Brigittes Geschichte als eine unreife Schwärmerei abzutun. Ich aber denke, daß Brigitte davon profitiert und sich dadurch auch profiliert hat.

Der Verzicht

Als ich Rosa zum letztenmal vor ihrem Tod besuchte, war sie über achtzig und noch immer voller Interesse für alles, wofür ich mich interessierte. Sie war, meinem Gefühl nach, auch noch immer sehr schön mit ihrem straff gescheitelten weißen Haar und den wunderbaren blauen Augen im feinen und regelmäßigen Gesicht. »Mein Gefährte ist schon vor fünf Jahren gestorben«, sagte sie und erzählte ein wenig von seinen letzten Jahren. Ich erinnerte mich noch genau an den schönen alten Mann mit den dichten weißen Haaren, der etwas verloren durch das Haus gewandert war. »Zuletzt hat er auch mich nicht mehr erkannt«, sagte sie, »aber er war ganz zufrieden und ist auch friedlich gestorben.«

Sie hatte mit dem »Gefährten« wohl die letzten 20 bis 25 Jahre seines Lebens zusammengelebt, zuerst noch mit der alten Mutter, dann allein; nunmehr lebte sie mit einer Nichte des »Gefährten« zusammen im wunderhübschen Biedermeierhäuschen am Stadtrand von Wien. Ich wußte ein wenig von dieser seltsamen Geschichte und bat sie, mir mehr zu erzählen.

Daß eine Frau aus bürgerlichem Haus, Jahrgang 1907, unverheiratet, mit einem Mann zusammenlebt (wenn auch mit ihrer Mutter), war ungewöhnlich. Noch ungewöhnlicher aber war die Tatsache, daß dieser Mann ein sehr bekannter katholischer Priester gewesen war und daß Rosa ihn seit ihren Studentenzeiten kannte und immer geliebt hatte.

Wie hatte sich das alles entwickelt? Wie sehr hatte Rosa gelitten? Und was war mit ihm gewesen? Rosa erzählte – vielleicht zum ersten Mal -, knapp bevor sie starb.

Rosa war ein sehr schönes und ein sehr begabtes Mädchen gewesen. Ihr Vater, ein Beamter in mittlerer Position, starb, als sie 14 war. Er ließ die Witwe mit wenig Geld und einer winzigen Pension zurück. Es war schwer, Rosas Zukunft zu planen; die hervorragenden Schulnoten verwiesen auf Gymnasium und Studium – aber: wer sollte das bezahlen? Die Nonnen der St. Anna-Schule sprangen hilfreich ein. Man kannte die Familie als gut katholisch, es wurde ein Freiplatz geschaffen, so daß Rosa ihr Abitur machen konnte. Ihr das Studium zu bezahlen war aber für die Mutter unmöglich. Auch da fand sich im katholischen Kreis eine Lösung.

Das Studium wurde durch wohlhabende (anonyme) Spender finanziert, und Rosa erwies sich dieser Unterstützung als durchaus würdig. Sie studierte Philosophie und Geschichte, wurde gleich nach ihrer Promotion Assistentin bei ihrem Professor und bestand so ganz nebenher auch noch die Lehramtsprüfung, weil sie als Frau ja doch an der Universität wenig Chancen für sich sah. Die Mutter hoffte natürlich, nach damaliger Weise, daß Rosa Berufsarbeit nicht nötig haben würde. Ein solch hübsches und begabtes Mädchen – noch dazu mit Doktorhut –, es könnte doch nicht schwer sein, einen Mann zu finden, so meinte sie.

Als Rosa aber das ganze Studium hindurch keine Anstalten machte, sich mit jungen Männern abzugeben, wurde die Mutter ungeduldig. Sie ließ es an eindeutigen und auch etwas spitzen Bemerkungen nicht fehlen. Ob Rosa etwa zu arrogant sei? Oder zu schüchtern? Oder – schlimmste Befürchtung – die jungen Männer sich vor einer solchen studierten Frau fürchteten? Rosa aber ging ganz andere Wege.

Ihr eigentliches Leben spielte sich in einer sehr modernen christlichen Jugendbewegung ab und nicht nur an der Universität, obwohl sie auch dort Beachtliches leistete. Ihr Herz aber gehörte einer Gruppe junger Menschen, die – ein wenig ähnlich der Wandervogelbewegung – sich um neue Formen des Zusammenlebens und auch des Christentums bemühten. Man traf sich beim Wandern, Singen, Diskutieren. Man schlief im Freien, in Berghütten und Jugendherbergen. Die theologischen Diskussionen wiesen ein beachtliches Niveau auf. Der Leiter dieser Gruppe, ein noch jugendlicher katholischer Priester, legte alle seine Begeisterung in die Führung dieser Elitegruppe hinein. Rosa war eine seiner wichtigsten Gesprächspartnerinnen. Immer wieder wunderte er sich, wie dieses noch sehr junge Mädchen auch diffizile theologische Fragen aufwerfen und verstehen konnte, mit welchem Engagement diese schöne junge Frau sich dem Leben einer Intellektuellen gewidmet hatte. Michael, so hieß der Priester, war allerdings gefühlsmäßig vielleicht noch ebenso naiv wie Rosa – und so dauerte es lange Zeit, bevor beide bemerkten, daß ein Teil ihrer Begeisterung für die Gruppe einer anderen Quelle entsprang als nur der »Sache«.

Es war eigentlich die jüngere Rosa, die erstmals entdeckte, mit welch merkwürdiger Beklemmung es sie erfüllte, wenn er sie ansah oder unabsichtlich berührte. Einmal hatte er bei einem Gruppenausflug ihre Hand genommen und leise und behutsam gefragt: »Wie stellst du dir eigentlich deine Zukunft vor, Rosa?«, worauf sie ohne nachzudenken sagte: »Nicht das Übliche: Heim, Herd und Kinder...« Und er hatte dazu geschwiegen und ihre Hand lange in der seinigen behalten...

Jener Gang über Felder – die übrige Gruppe hatte sich entfernt – blieb Rosa bis ins Alter in beseligender und schmerzlicher Erinnerung. Wie sie später meinte, hatte sich damals ihr Schicksal entschieden – auch wenn sie noch nicht genau wußte, wie es aussehen würde. Aber ihr war klar geworden: Dies war der Mann, dem sie ihre Liebe geschenkt hatte und keinem anderen. Rosa war fest davon überzeugt, daß man nur einmal im Leben »wirklich« lieben kann – und dieses eine Mal war nun eingetreten. Diesem Ruf hatte sie zu folgen.

Rosa wußte auch, daß Michael ebenso fest überzeugt war vom Ruf Gottes an ihn als Priester, daß er daher seiner Liebe zu ihr (und dessen war sie sich seit jenem Spaziergang sicher) entsagen mußte.

Aber was verlangte Gott da von ihnen beiden? Was hieß denn »entsagen«? Darüber zumindest durfte man sprechen. Das verzweifelt beseligende Aussprechen der Gefühle und ihre Einbindung in ein katholisches Moralverständnis war nicht verboten, so dachten beide. Das aber hieß: Man durfte sich auch außerhalb der Gruppe treffen, man durfte gemeinsam spazieren gehen, man konnte Gottesdienste besuchen oder auch Vorbereitungen für die nächste Gruppenzusammenkunft planen.

Rosa lächelte beim Erzählen so viele Jahre später, als die sexuelle Moral ganz andere Wege eingeschlagen hatte, über ihr damaliges Verhalten. Nein, es gab keinen Sex, es gab kaum Berührungen, höchstens ab und zu – und davon zehrte man tagelang – einen längeren Händedruck, einen bedeutsamen Blick. Einige Male ein keuscher Kuß... Aber dies war schon Anlaß zu vielerlei Skrupeln.

All dies dauerte nicht monatelang; nein, es überdauerte das ganze Studium, die erste Zeit als Gymnasiallehrerin, die strafweise Versetzung durch die Nazis in eine Kleinstadt, so daß man sich meistens nur schreiben konnte. Michael wurde nach dem Krieg Universitätsprofessor, er war eine bekannte Persönlichkeit; er war umschwärmt von jungen Damen, die seine seelsorgerische Hilfe suchten und es seufzend bedauerten, daß ein solch schöner junger Mann ihnen verwehrt blieb. Rosa zweifelte nie an seiner Treue – was immer das in ihrem Fall heißen mochte.

Es gab Zeiten, in denen Rosa um ihre Fassung ringen mußte. Warum nur hatte Gott ihr ein solches Schicksal auferlegt? So dachte sie manchmal verzweifelt und wohl auch mit viel Wut. Auch Michael geriet ins Grübeln: Wie konnte man eigentlich wirklich feststellen, was Gott mit dieser geheimnisvollen »Berufung« gewollt hatte? Michael befaßte sich seit einiger Zeit – unter dem Einfluß von Rosa – mit Psychologie. Da lag es nahe, sich über die eigene Herkunft Gedanken zu machen und die Motivation, Priester zu werden, ganz nüchtern-weltlich zu überdenken.

Wieviel schuldete er wohl dem frommen Elternhaus mit seinen doch auch recht naiven und überzogenen Vorstellungen vom »rechten Leben«? Michael hatte im Laufe seiner Seelsorgetätigkeit gesehen, wie es bei den meisten anderen Menschen zugeht: viel laissez-faire, wenig Gewissen, in den Tag hineinleben... Nicht immer konnte Michael eine solche etwas laxere Auffassung vom Leben nur verdammen. War seine so strenge und frühe Vorstellung von »Berufung« nicht doch auch geprägt von einem allzu strengen Gewissen?

So dachten und sprachen Rosa und Michael miteinander, schmerzlich bewegt und doch auch wiederum fest entschlossen, wenn sie zur Einsicht gelangten, daß – egal wie eine psychologische Motivation aussehen könnte – das Walten Gottes doch auch in ihnen spürba-

sei, über alles Begreifen hinaus. Und das hieß: Opfer bringen.

Manchmal war Rosa fast euphorisch, wenn sie bedachte, wie reich ihr Leben an der Seite von Michael war, mit wieviel Freuden sie doch auch wiederum gesegnet war, wenn sie seine nie versagende Liebe spürte und sie gleichzeitig immer wieder neue Gedanken austauschten. Rosa bereitete sich neben ihrer Schultätigkeit auf ihre Habilitation vor, sie schrieb Bücher und Zeitschriftenartikel. Das meiste entstand im gemeinsamen Gespräch. Im Vergleich mit so vielen anderen Frauen ihrer Generation, die sich zu Hause langweilten und öde Ehen führten, konnte sie als glücklich gelten.

Daß sie keine Kinder hatte: das allerdings blieb ein Stachel bis ins Alter.

Rosa, nach der Nazizeit wieder zurückgekehrt aus dem »Exil« der Kleinstadt in die große Heimatstadt, war nun Ende dreißig – eine schöne, noch jugendliche Frau, tatkräftig und tüchtig, aber ein wenig distanziert zu den Kollegen, sogar zu den wenigen guten Freunden. Sie wurde von den Schülerinnen bewundert, ihre scharfe Intelligenz war bei manchen auch gefürchtet; man »schwärmte« nach damaliger Mode in den Mädchenschulen für sie (auch ich habe dies getan!), aber niemand schien ihr wirklich nahe zu sein.

Man spürte: Rosa lebte ein anderes Leben. Die kleinen und großen Intrigen in der Schule betrafen sie nicht, irgendwelche »Skandale«, die durch Schülerinnen hervorgerufen wurden, verfolgte sie pflichtgemäß, aber man konnte sehr wohl sehen, daß sie alle diese Stürme im Wasserglas ein wenig lächerlich fand.

Es gab einige Mädchen fast in jeder Klasse, die bei ihr Orientierungshilfe suchten, ein ernsthaftes Gespräch mit ihr begannen. Diesen (wenigen) Schülerinnen widmete sie durchaus Zeit, traf sich privat mit ihnen und schrieb ihnen sogar Briefe. Diese Privilegien aber konnte man nur erreichen, wenn Rosa das Gefühl hatte, daß es den Mädchen wirklich um Existentielles ging. Es waren oft theologisch-philosophische Themen, die sie mit den Mädchen besprach. Ich erinnere mich an eines über die Willensfreiheit oder an die immer wiederkehrende Frage, wieso man denn an Gott glauben könne bei so viel Leid in der Welt. Man sieht: Es waren alte und schlichte Themen, für Rosa sicher nicht mehr weltbewegend – aber ihr Engagement war wohl noch ebenso groß wie damals in der Jugendgruppe.

Die Beziehung zu Michael war in ein stetiges und ruhiges Fahrwasser geglitten.

Rosa erschien den Kollegen und Schülerinnen ein wenig später – da war sie Mitte vierzig – oft wie eine noch junge weise Frau: abgeklärt, klug, harmonisch.

Oder doch nicht ganz? Rosa, trotz ihrer Schönheit, war sicher weit entfernt davon, etwas an sich zu haben, das man heutzutage als »sexy« bezeichnen würde. Sie wirkte schön und alterslos; sie war weiblich, zweifellos, sie sah auch weiblich aus (ein wenig pummelig war sie geworden), aber sie sah auch irgendwie unberührbar aus, und man konnte sich nicht recht vorstellen, daß es einen Mann neben ihr gab.

Außerdem: Rosa war allzu oft krank. Magenschmerzen, Migräne, Gallenkoliken – Krankheiten, die man heutzutage sicher als »psychosomatisch« bezeichnen würde. Damals hieß es einfach, daß sie eben von »zarter Gesundheit« sei.

Ob Rosa sich darüber Gedanken machte?

Rosa wurde älter, ebenso Michael, der in seinem

Biedermeierhäuschen mit Haushälterin lebte. Rosa lebte mit der alten Mutter ziemlich weit davon entfernt. Wäre es nicht besser – so fragten sie sich –, wenn man zusammenzöge, die Kosten teilte und auf diese Weise spätere Alterseinsamkeit vermeiden könnte?

Es gab viele Überlegungen zwischen Michael und Rosa. Die Mutter fragte nicht viel, das hatte sie nie getan. Sie ging wohl davon aus, daß zwischen ihrer Tochter und einem solch bekannten Priester nichts Unrechtes geschehen könnte. Oder hatte sie doch Zweifel? Jedenfalls hatte das Fragen nach irgendwelchen anderen passenden Männern schon längst aufgehört.

Tatsächlich zogen sie zusammen, in zwei getrennten Wohnungen richteten sie sich ein, organisierten, den Tag mehr oder weniger gemeinsam, und sowohl Michael als auch die alte Mutter fanden dies wunderbar.

Sehr viel mehr gibt es darüber nun nicht mehr zu erzählen.

Rosa übernahm »Hausfrauenpflichten«, das war aber nicht ganz neu, das hatte sie in den letzten Jahren auch schon daheim getan. Sie lebte ihr eigenes Leben – wenige aber gute Freunde umgaben sie, die meisten waren auch Michael vertraut geworden. Sie lebte aber auch mit Michael; las ihm vor, diskutierte neue wissenschaftliche Aufsätze, berichtete aus ihrem Fach – »unser Leben war wie das vieler alter Paare«, sagte sie einmal, damit hatte sie sicher recht. Das Besondere war vielleicht: daß sie ein sehr friedliches Altersleben führten, daß die Harmonie vielleicht größer war als bei vielen, weil die ewige Sehnsucht, die sie empfunden hatten, nun gestillt war. Erotik und Sexualität waren in den Hintergrund getreten, es blieb der Friede, den ein erfülltes Leben bescheren kann. Altersdemenz und Tod hatte

Michael von der gläubigen Rosa nicht wirklich entfernt. Sie wußte, daß es ein Wiedersehen geben würde.

Wie kann es sein, so fragt man sich, daß ein solch junges Mädchen die Stärke zu diesem schweren Verzicht aufbringt? Hat sie so wenig erotische Bedürfnisse? Genügen ihr die paar Küsse und ab und zu ein Händedruck?

Rosa versucht, darüber Auskunft zu geben – soweit sie selbst Einblick in diese Prozesse hatte. »Ich war zeitweise sicher das, was man heute depressiv nenne würde. Damals hieß es Weltschmerz, oder, noch feiner ausgedrückt – wir hatten ja alle noch Französisch als erste Fremdsprache gelernt – »cafard«. In gewisser Weise war es auch ganz schick, »cafard« zu haben. Wir jungen Mädchen haben daraus ein wenig einen Kult gemacht. Man besprach sich stundenlang, es gab bestimmte Mädchen – ich gehörte dazu –, mit denen andere ganz besonders oft Probleme austauschten; wir hatten auch eine Art Ritual entwickelt: Wenn man mit jemandem seine Probleme besprach, wurde besonders hübsch gedeckt, und es gab den damals noch sehr seltenen Räuchertee. Auch ich hatte ein älteres Mädchen, das mir oft zuhörte. Allerdings: ich habe nie, nicht ein einziges Mal bei diesen »Weltschmerz«-Gesprächen über Michael gesprochen. Das war und blieb ein Tabu-Thema; ich weiß nicht, wieviel die anderen davon mitbekommen haben, jedenfalls gab es nie vor mir irgendeinen kleinen Hinweis. Über mein Problem mit Michael zu sprechen wäre mir nicht nur wie eine Indiskretion, nein, wie eine Entweihung vorgekommen. Ich hatte genügend andere Themen, die mich beschäftigten und behelligten. Es waren religiöse Fragen, es waren Probleme, die ich mit anderen Menschen hatte – nicht alles konnte ich mit

Michael besprechen, allzu oft haben wir uns nicht alleine treffen können. Aber Michael war geistig immer da; anfangs war er mir natürlich auch sehr überlegen, da habe ich vieles von ihm übernommen, später hat sich das geändert.«

»Hat es nie eine Abwendung von ihm gegeben?« frage ich – weil es mir seltsam vorkommt, daß eine solch komplizierte Beziehung sich so fugenlos entwickeln läßt.

Rosa zögert. Ja, einmal habe es einen Kollegen gegeben, der ihr gut gefallen habe, ein Germanist, der selbst recht gute Lyrik verfaßte, in den war sie wohl ein wenig verliebt, und er sicher auch in sie. Sie hat damals geschwankt, dachte an die Möglichkeiten, ein ganz normales Frauenleben zu führen – und da war ihr zeitweise Michael ferne gerückt. Sie hat mit diesem Mann – das war das einzige Mal – über ihre Beziehung zu Michael gesprochen, zerrissen wie sie war. Dieser Mann wollte ihre Entscheidung abwarten. Es war sehr verlockend: ein kultivierter Kreis von Menschen, in dem sie sicher eine tragende Rolle spielen würde, Kinder, das Glück ihrer Mutter als Großmutter, selbst die gemeinsame Wohnung konnte sie sich schon gut vorstellen. Nur eines fiel ihr schwer: sich den Mann dazu vorzustellen, und damit meinte sie noch nicht einmal die Sexualität – davon war sie weit entfernt. Nein, einfach das Beisammensitzen am Abend oder die Ferien oder lange Wochenenden – immer neben ihm? Irgendwie paßte das nicht. Das alles hätte nur mit Michael gepaßt, auch wenn sie den Kollegen – Ludwig hatte er geheißen und war ein treuer Freund geblieben – wirklich gerne mochte. Er war übrigens früh gestorben, nachdem er eine kurze, aber wohl recht glückliche Ehe geführt hatte. Mit der Witwe traf sie sich immer wieder einmal.

Als sie Ludwig dies alles sagte, hatte er geweint, das war auch für sie sehr schmerzlich – aber anders wäre alles eine Lüge gewesen. Michael hat sie erst sehr viel später das Ganze erzählt. Er war, wie übrigens so oft, bedrückt gewesen, daß seine Person ihr so vieles verwehrte. Jederzeit hätte er ihr ein »ganz normales Glück« gewünscht. Und trotzdem spürte sie natürlich auch seine Freude über ihre Treue.

Die ganz besondere Note der Beziehung zwischen Rosa und Michael liegt in der Integration von Erotik und Intellekt, die vielleicht dann am besten gelingen kann, wenn die Spannung des Eros nie ganz abgeführt wird und sich in den intellektuellen Austausch mischt und dort für die Aufrechterhaltung der nie endenden Spannung sorgt, die dem Denken inhärent ist. »Wir können jetzt gemeinsam ein Buch schreiben oder ins Bett gehen«, sagte einmal ein Wissenschaftler zu seiner Kollegin. Diese Alternative scheint mir nicht abwegig, wenn zwei Menschen intellektuell ebenbürtig sind. Was im Fall dieser Kollegin aber vermutlich zu wenig bedacht wurde, war die persönliche Basis: Konnten beide einander in solcher Klarheit in ihr Inneres aufnehmen, daß auch (zumindest eine gewisse) Dauer gewährleistet war? Offenbar nicht! Daß Schauspieler und Sänger sich bei den Proben häufig ineinander verlieben, wurde mir oft bestätigt, auch daß dies dem Spiel meist eine ganz besondere Note gäbe, die zur Meisterschaft führt. Gute Schauspieler, so erklärte mir eine Schauspielerin einmal, wüßten aber um die Künstlichkeit dieser Verliebtheit und begnügten sich mit der Scheinwelt, ohne daß sie daraus für ihr Privatleben Konsequenzen zögen.

Rosa und Michael aber konnten einander in ihr Inneres aufnehmen und bewahren (»innere Objekte bilden«

heißt dies in der Psychoanalyse), und so ging auch das reflektierende Sprechen, das gemeinsame Denken immer weiter und blieb immer in einer gewissen lustvollen Spannung bestehen.

Wenn es, wie Bergmann meint, Menschen gibt, die das erste (fremde) Liebesobjekt so behandeln wie das ödipale Objekt, es also mit der gleichen Treue und Unabdingbarkeit lieben müssen, dann kann man dies natürlich als ein Defizit ansehen. Bei Rosa und Michael wurde dieses Defizit (sofern das Wort hier überhaupt stimmt) in einen neuen Kontext gesetzt, der das Defizit in eine große Leistung verkehrt. Der Kontext ist der ihrer Begabung sowie der sie umgebenden katholischen Kultur. Es gab offenbar wenig Zweifel bei den beiden an der Rechtmäßigkeit der kirchlichen Forderung nach dem Zölibat. Der ganze Freundeskreis war davon bestimmt, der »Abfall« eines Priesters von seiner Berufung hätte damals und in diesem Kreis ein Versagen bedeutet. Die beiden hätten – abgesehen von ihrem strengen Gewissen – wohl viel soziale Ächtung ertragen müssen, wären sie ihrer Neigung bedingungslos gefolgt.

In der Phase erster Verliebtheit gibt es diese Verschmelzung von erotischer Spannung mit einer gemeinsamen »Sache« bei begabten Menschen gar nicht so selten. Auch hier ließe sich sicher von Ansätzen zur Sublimierung sprechen. Was die eigentliche Leistung aber ausmacht, ist die Dauer, die Stetigkeit, mit der geistige Leistung gekoppelt sein muß, damit sie bleibenden Wert hat.

Eine Frau erzählte mir einmal, daß sie in der Phase einer großen Verliebtheit eine Zeitlang imstande gewesen sei, außerordentlich geglückte Limericks zu verfassen – eine Kunst, die sie weder vorher noch nachher beherrschte, die aber die Spezialität ihres Geliebten war. Natürlich ist auch diese Mimikry ein Produkt kurzfristiger Sublimierung. Da aber mit dem Abflauen der Verliebtheit diese Kunst wieder verschwand, also nur Identifizierung im Spiel war, kann man dem Produkt doch auch wiederum den Respekt nicht zollen, den man Rosa und Michaels lebenslanger gegenseitiger geistiger Befruchtung zollen muß. Denn dies muß dann wohl Hand in Hand gehen: die Fähigkeit, den anderen als ein Liebesobjekt in sich zu bewahren und gleichzeitig aus der erotischen Versagung Kraft zu ziehen für die Erarbeitung eines geistigen Produkts. Es ist kein Zufall, wenn man oft gemeinsam gedachte oder geschriebene Gedanken als das »Kind« von zwei Menschen bezeichnet. Rosa und Michael haben aus ihrem Verzicht alles herausgeholt an Kreativität, was möglich war – und dies auch mit persönlicher Zufriedenheit empfunden. Die Produktivität ihrer Liebe war sowohl im persönlichen als auch im geistigen Bereich erstaunlich. Eingebunden in eine Kultur religiös fundierter Moralregeln war ihr Weg begrenzt. Sie haben alles getan, um ihn in jeder Hinsicht kreativ zu erkunden. Hier wird in der Interaktion nicht nur das »geistige Kind« geboren, sondern auch diejenige Liebesform gefunden, die den beiden als Träger einer bestimmten Kultur Zufriedenheit verschaffen kann.

Daß dies nicht ohne Kummer und problematische Phasen geschehen kann: Wer wollte sich darüber wundern?

Schwermut und Leichtigkeit

Doro, eine nunmehr 45jährige Ärztin, galt vielen Menschen, vor allem vielen Frauen, fast als eine Art Vorbild. Sie war tüchtig, intelligent und schien das Leben immer im Griff zu haben. Im Krankenhaus schätzte man sie sehr. Kein Nachtdienst war ihr zu viel, Überstunden nahm sie ohne Murren zur Kenntnis, und die Patienten liebten ihre ruhige und sichere Art. »Bei Ihnen hat der Tod wenig Chancen«, hatte einmal eine Patientin gesagt, als Doro nach wochenlangem Kampf endlich deren Blutbild positiv beurteilen konnte. Nun, das war leider übertrieben, wie Doro oft seufzte, aber natürlich tat sie sehr viel für ihre Patienten. Und nicht nur für diese; auch ihre alte, gehbehinderte Mutter brauchte sie; außerdem gab es noch einige andere alte Verwandte, die ihr Wohlergehen ganz und gar an Doro knüpften und der Meinung waren, Kaffee und Kuchen seien guter Lohn, wenn Doro nach der Arbeit sich zum Hausbesuch aufmachte. Es war schwer zu erkennen, ob Doro all diese Verpflichtungen gern auf sich nahm oder ob sie nicht doch innerlich oft seufzte. Jedenfalls war ihr nie etwas anzumerken.

Und natürlich merkte man ihr auch nicht an, wie schwer ihr Tag oft begann: voll Überdruß am Leben, stieg sie meist mit schwerem Herzen – mühsam – aus dem Bett. An vielen Tagen war alles grau und trübe, die Sonne konnte noch so hell scheinen. Selbstverständlich ließ sich Doro nichts anmerken und erschien eine Stunde später freundlich und sicher auf der Station, wo sie in ihrer altbewährten Art tröstete, Anweisungen gab und Rat wußte.

Nur sehr wenige Menschen – Doro hatte nicht viele

vertraute Freunde – kannten Doros Privatleben. Ihr Mann, so hieß es, sei Geschäftsmann, aber man wußte nichts Genaueres darüber, und im Krankenhaus war er auch nie aufgetaucht.

Doros Mann (übrigens war sie gar nicht verheiratet, aber das spielte kaum eine Rolle) nannte sich Louis, was vermutlich die vornehme Form des wenig hübschen Namens Ludwig darstellte. »Louis« hatte Doros Mutter, die ihren »Schwiegersohn« nicht leiden mochte, einmal tadelnd gesagt, »so heißen doch nur Zuhälter«.

Man hätte sich keinen unpassenderen Partner für Doro denken können. Louis war übrigens wirklich nur so »eine Art« Geschäftsmann; welcher Art seine Geschäfte waren, blieb immer ein wenig im Dunkeln. Jedenfalls hatte er massenhaft Zeit, in der Stadt Kaffee zu trinken, sich in den besten Herrenboutiquen umzusehen und viele, viele Freunde zu treffen. Wahrscheinlich, so könnte man vermuten, waren es nicht nur männliche Wesen, die er bei seinen häufigen Stadtspaziergängen traf.

Louis war charmant, gesprächig und immer guter Laune. Doro hatte ihn kenngelernt, als sie einmal ausnahmsweise zur Party einer früheren Schulfreundin gegangen war. Diese hatte einen sehr reichen Geschäftsmann geheiratet, und Doro hatte sich in der prächtigen Villa am Stadtrand ziemlich verloren und unbehaglich gefühlt: lauter schmale, elegante Damen in Designer-Kostümen, perfekt geschminkt, Männer mit »Was-kostet-die Welt-Attitüde« und ein Buffet, das neben Hummer und Krabben frisch aus Paris eingeflogene Austern offerierte. Doro ging schnell noch einmal ins Bad, um den Lippenstift zu erneuern, und mußte bemerken, daß sie eben jenen vergessen hatte. Der Schminktisch der

Dame des Hauses bot aber reichlich Ersatz, und Doro versuchte, aus ihrem Gesicht das Beste herauszuholen. Sie machte sich normalerweise nicht sehr viele Gedanken über ihr Aussehen, weil sie sich sowieso nicht besonders hübsch fand. Als Jugendliche hatte sie alle Mädchen beneidet, die »lieblich« wirkten. Dies war ihr nie gelungen. Sie hatte ein schmales, kräftig geschnittenes Gesicht, das viele Menschen eher »interessant« als hübsch gefunden hätten, wären da nicht ihre großen, dunklen und ausdrucksstarken Augen gewesen. Die sorgten dafür, daß manche sie als »schön« bezeichneten. Doro selbst fand dies natürlich bei weitem nicht.

Als sie am Flur Louis begegnete, einem eleganten Mann mit offenbar sehr guter Laune, änderte dies sich allerdings fast schon nach wenigen Minuten. Louis wußte, wie man einer Frau Komplimente macht, war sprühend und zärtlich, nahm das Leben nicht so tragisch. Es entging Doro nicht, daß Louis ein wenig oberflächlich war und, wenn man es genau nahm, auch nicht besonders intelligent – jedenfalls nicht, wenn man mit Doros bisherigen Maßstäben heranging.

Doro spürte aber sofort – sie war damals 38 Jahre alt und hatte nach einer langen und unglücklichen Liaison seit mehreren Jahren keinen Partner mehr gehabt –, daß sie diesem Mann nicht ausweichen konnte. Sie fand sich nicht nur plötzlich sehr hübsch; sie konnte auch sofort auf seinen leichten Ton einsteigen, sie fand sich witzig und lustig. Louis schien absolut entzückt von Doro. Daß sie Ärztin war, interessierte ihn besonders; er hatte, wie Doro insgeheim lächelte, vollkommen verkitschte Vorstellungen von ihrem Beruf nach dem Motto Schwarzwaldklinik und ähnlicher Fernsehserien.

Es war also »Liebe auf den ersten Blick«. Sowohl in

Louis' als auch in Doros Kreisen wunderte man sich über die beiden als ein Paar. Sie schienen sehr oft getrennte Wege zu gehen (Doro war nach wie vor nicht oft zu bewegen, eine Party bei Louis' diversen reichen Freunden zu besuchen), aber sie zogen nach einigen Monaten zusammen. »Es muß das Bett sein«, munkelte man. Daran war etwas Wahres, aber es war längst nicht alles.

Das Aufstehen fiel einfach leichter, wenn Louis mit einer Tasse Tee am Bett stand und lachend Doros Schlaffalten glättete; wenn er schon am Morgen voll Behagen daran dachte, daß man abends doch noch »diese entzückende kleine halbe Flasche Champagner« trinken könne, wenn Doro ausnahmsweise einmal rechtzeitig nach Hause käme. Doro tat alles, um wirklich pünktlich loszukommen, weil sie sich schon den ganzen Tag darauf gefreut hatte, Louis' strahlenden Empfangskuß entgegenzunehmen. Doros Leben war, mit Louis' Hilfe, viel leichter geworden.

Doro wußte oder ahnte: daß seine Geschäfte nicht immer seriös waren; daß er häufig auf ihre Kosten lebte; daß er – vermutlich – auch noch mit anderen Frauen zumindest heftig flirtete; daß er schlampig und verantwortungslos war; daß er ihr die meisten Hausarbeiten aufbürdete. Und trotzdem: Sie spürte, daß auch er sie brauchte wie sie ihn. Man kann nicht sagen, daß sie nun mit lammfrommer Miene alles auf sich genommen hätte, nein: es gab Auseinandersetzungen, heftige Worte. Aber mit Louis ließ sich nicht so gut streiten, weil er schnell entwischte oder auch – und damit war Doro auch wiederum gleich versöhnt – Reue zeigte und Besserung gelobte. Louis war natürlich, wie Doros Mutter sehr richtig feststellte, ein »Windhund«, aber er war weder betrügerisch noch bösartig, sondern einfach ein wenig kindisch, unbekümmert und sorglos. Es gab keinen Zweifel daran, daß er Doro liebte und mehr achtete als vermutlich jede Frau in seinem bisherigen Leben. Freunde, die über die strenge »Frau Äbtissin« einen Witz machten, wurden von ihm nie mehr mit einem Wort bedacht, keine andere Frau hätte sie ersetzen können, das war ihm klar. Sein bisher wohl nicht allzu ebenmäßiges Leben war durch sie in einigermaßen glatte Bahnen gekommen, und außer einigen »Ausrutschern«, die er aber selbst nicht so ernst nahm, blieb er auch auf seinem neuen Kurs.

Doro hätte anfangs gern ein Kind gehabt, aber dies wollte Louis nun auf gar keinen Fall. Louis traute sich wohl selbst nicht: Würde er wirklich so lange durchhalten? Auch heiraten wollte er nicht; könnte er guten Gewissens sich auf »lebenslang« verpflichten? Man muß es ihm sehr hoch anrechnen, daß er sich über die eigene Person nichts vormachte. Da die beiden nun schon seit sieben Jahren zusammen sind, scheint allerdings das Problem der Verpflichtung langsam kein solch drängendes mehr zu sein.

Ist Doro glücklich? »Nein«, meint sie, »dazu ist Louis allzu unbeständig, egoistisch und oberflächlich.« Trotzdem: Ohne ihn wäre das Leben viel, viel schwieriger, es gäbe, wie Doro es ausdrückt, »mindestens einmal im Monat ein paar Stunden, wo sie sich glücklich und verliebt fühle – das sei eigentlich schon sehr viel«.

Vermutlich ist es das wirklich. Verglichen mit vielen anderen Beziehungen muß man dies wohl so sehen. Natürlich kann man sich wundern, kann, wie manche dies tun, Doro einen sehr viel solideren, ernsthafteren und gescheiteren Partner wünschen. Man findet häufig, sie habe »unter ihrem Niveau« gewählt.

Jeder, der weiß, wie belastend das Leben depressiver Menschen ist, wird Doro aber ganz gut verstehen können. Ihre kompetente Fassade war immer erkauft mit großer Überwindung; mit zusammengebissenen Zähnen hat sie oft den Tag durchgestanden und war hinterher erschöpft. Arbeit galt der Depressionsabwehr. Mit Louis an der Seite muß sie nicht mehr ganz so zwanghaft arbeiten und fühlt sich abends übrigens auch nicht todmüde. Louis kann sie oft überreden, nochmals mit ihm auszugehen: ins Kino, um die Ecke auf einen Abendtrunk und ähnliches.

Louis kann also wirklich und nicht nur für kurze Zeit Doros Lebensgeister erhellen. Daß sie dafür seine Defizite in Kauf nimmt, ist ihr klar. Sicher spielt ihr Alter dabei eine Rolle; sie hat von Anfang an gewußt, wie schwer man es mit Beziehungen haben kann, sie ist nicht mehr verblendet und illusionär wie ein junges Mädchen. Sofern das jetzige Gleichgewicht an Geben und Nehmen erhalten bleibt, kann man der Beziehung wohl noch weitere ganz gute Jahre voraussagen. Doro drückt natürlich oft ein Auge zu, sonst wäre es schwierig. Sie liebt Regelmäßigkeit und ist treu. Wie weit sie in ihrer Beständigkeit allerdings gehen würde, wenn Louis sich allzu viele Freiheiten herausnähme?

Natürlich klagt auch Louis manchmal über eine Partnerin, die alles recht schwer nimmt, die die kaputte Waschmaschine oder Mutters Ansprüche als tragische Lebensereignisse ansieht und nur mit Mühe dazu zu bewegen ist, über den Wasserrohrbruch und die Überschwemmung im Flur zu lachen. Louis meint, daß der alte Teppich sowieso viel zu dunkel war und daß sich jetzt endlich Gelegenheit böte, etwas Freundliches zu kaufen. Das sieht Doro zwar auch so, aber Louis muß da schon viel Energie hineinstecken, um sie wieder fröhlich zu stimmen. Kein Wunder, wenn Louis sich auswärts ein wenig amüsieren will? Es tangiert ja die Beziehung nicht wirklich.

Allen Unkenrufen zum Trotz haben die beiden ihre Beziehung auf eine haltbare Basis gestellt – wohl wissend um die Fragilität und die immer noch drohenden Gefahren.

Nicht jedem Paar gelingt dies, auch nicht bei anfangs ähnlichen Voraussetzungen.

Bei Christian und Monika war das Beziehungsdrama fast tödlich – zumindest wäre Monikas Magengeschichte um ein Haar böse ausgegangen. Daß sie diese dem jahrzehntelangen Ehestreß und der schließlich sehr kränkenden Trennung zu verdanken hat, scheint ziemlich sicher.

Monika war eine entzückende Studentin: witzig, lebenslustig, nicht allzu fleißig, voll clownesker Ideen. Christian, selbst ein Charmeur und geistreicher Plauderer, verliebte sich augenblicklich in sie und ließ nicht mehr locker. Er ertrug Monikas Launen, ihre plötzlichen Abstürze in bodenlose Traurigkeit und auch ihre Phasen von Hektik. Er selbst war meist beschwingt gestimmt und konnte Monika gut auffangen. Monika sagte später, daß sie ihn eigentlich gar nicht so sehr geliebt habe, aber er habe sie einfach nicht mehr losgelassen, es schien ihr wie ein »Schicksal«, ihn heiraten zu müssen. Mit Sexualität habe es außerdem nie so recht geklappt, Monika weiß nicht recht, an wem es gelegen hat.

Die beiden heirateten sehr jung, das Studentenleben ging noch jahrelang weiter: Feste, geistige Höhenflüge, wild durchtanzte Nächte, aber auch Monikas Depressionen, die sie mit traurigen Gedichten und nihilistischen Essays ins Allgemeine hob. Ihre Depressionen hatten noch viel von pubertärer Dramatik an sich, und Christian konnte damit ganz gut umgehen. Er bat sie, im Bett zu bleiben, wenn sie sich zu schlecht fühlte, kochte Lindenblütentee, sorgte für Aufheiterung. Er tat dies nicht ungern, ermöglichte es ihm doch ein halbwegs reines Gewissen seiner vielen Seitensprünge wegen. Denn Christian war ein Frauenheld und nutzte dies auch weidlich aus. Es ging dabei gar nicht immer um Sexualität – das war offenbar nicht gerade Christians starke Seite, es ging um die Aufregung des Eroberns, um die vielen halben Versprechungen und Andeutungen. Seine Ehefrau Monika schützte ihn davor, diese halben Versprechungen auch einlösen zu müssen.

Monika ließ sich hineinfallen in diese Beziehung, die sie zuerst gar nicht unbedingt gewollt hatte. Christian schlüpfte in ihrer Phantasie in die Rolle des früh verstorbenen Vaters, der sie – nachdem die Mutter gestorben war, als Monika drei Jahre alt war –, rührend betreut hatte. Daß auch dieser Vater sie »verlassen« hatte, indem er später eine sehr viel jüngere Frau heiratete, konnte sie ihm schlecht verzeihen. Daß Monika »trennungsgeschädigt« war, ist daher auch ohne große psychologische Deutung leicht einsichtig.

Christian durfte ihr nicht auch noch verlorengehen. Christian war, wie gesagt, oberflächlich gesehen zwar ein ganz guter Ausgleich für die vielen Abstürze von Monika – er war meist gutgelaunt und fand Monika nach wie vor reizend –, doch seine Treulosigkeit war bald nicht mehr zu übersehen. Natürlich, wenn es Monika schlecht ging, war er schnell mit seinem Lindenblütentee zur Hand, las ihr vor oder blieb einfach ruhig am Bett sitzen. Aber: wie oft war er nicht da, wie oft ertappte sie ihn bei Lügen und dummen Ausreden und wußte nie, wo denn nun das Körnchen Wahrheit steckte.

In späteren Jahren wurde all dies noch viel schlimmer. Christian hatte eine berufliche Position erreicht, die Monika nie einholen konnte, obwohl sie sich einige Jahre nach der Eheschließung nun auch darum bemühte, ihr Studium endlich abzuschließen und als Lehrerin zu arbeiten. Aber Christian war es, der alle interessanten Leute kannte, der immer wieder neue Leute heranbrachte und – bekannter Kulturmanager, der er war – pausenlos zu spannenden Konzerten, Theaterabenden und Vorträgen eingeladen wurde.

Monika profitierte davon, ihr Leben war sehr viel bunter als das einer Durchschnittslehrerin, aber natürlich blieb es nicht verborgen, daß Christian da und dort mit einer hübschen Blonden gesehen wurde oder daß man sie ganz naiv fragte, ob dies denn vielleicht »ihre Schwester« sei, die Christian ins Konzert begleitet hatte. Monika forschte nicht sehr viel nach; sie wollte nicht allzuviel sehen und hören, aber ihre Depressionen vertieften sich. Oft war sie krank, Christian bat sie dringend, doch auch lange genug im Bett zu bleiben. Seine Beziehung zu ihr wurde immer dünner, während sie ihn nach wie vor als ihren ersten Bezugspartner betrachtete.

Monika konnte nicht von sich aus den Partner »wechseln«, allzu tief und unbewältigt saß wohl das Trauma des zweimal verlassenen Kindes. Sie brauchte nicht nur jemanden, der ihre Depressionen abwehrte, sie brauchte auch einen stabilen Partner – und eben das war Christian, der Hans-Dampf-in-allen-Gassen, ganz und gar nicht.

Monika flüchtete in den Alkohol, sie versuchte es mit Drogen. Ein Rest an Überlebensbereitschaft gebot ihr, dies zu lassen – und sie stürzte sich in Arbeit. Sie war eine beliebte und geachtete Lehrerin; ihre Schüler waren begeistert von ihrem Witz und ihrem Einfühlungsvermögen. Sie wären erstaunt gewesen, hätten sie Monika nach der Schule gesehen: abgekämpft, wortlos, voll von Selbstvorwürfen.

Christian war immer weniger bereit, Monikas Düsternis zu erhellen. Er hatte nun eine feste Freundin, die ihm, wie er Monika später recht brutal erzählte, endlich, endlich zu seiner sexuellen Erfüllung als Mann verholfen habe. Eine frigide Frau wie sie wäre eben nur Schwester, nie und nimmer Geliebte. Monika ließ sich dies alles gefallen: weinte, lief aus dem Haus, drohte mit Selbstmord –, aber sie blieb.

Sie hatte inzwischen die Fünfzig überschritten und konnte sich ein Leben ohne Christian – auch in dieser reduzierten Form – nicht vorstellen. Christian verbarg nun nichts mehr. Stundenlange Telefonate mit seiner Freundin, nächtelanges Ausbleiben: nichts konnte Monika dazu bringen, ihn zu verlassen. Offensichtlich fiel dies auch Christian schwer – sein früheres Verantwortungsgefühl brach immer wieder durch, vor allem wenn Monika wieder einmal krank war. Er übertrieb selbst ihre Symptome, brachte sie zu Spezialisten, begleitete sie zu Kuraufenthalten.

Seine Freundin aber stellte ihn vor die Wahl – und Christian, der sich jahrelang nicht recht entscheiden hatte können, zog aus der ehelichen Wohnung aus. Zögernd, in Etappen – begleitet von Monikas stummen Blicken, denen aber nie Vorwürfe folgten. Sie lebte wieder in ihrem alten Kindheitstrauma, und von daher wußte sie, daß das Kämpfen keinen Sinn hatte. Sie ließ alles geschehen. Das Scheidungsbegehren wurde ihr per Post zugestellt, Christian hatte es nicht gewagt, mit ihr persönlich darüber zu sprechen, obwohl er heimlich und ohne Wissen seiner neuen Ehefrau fast jeden Tag anrief. Seine Wiederverheiratung teilte er ihr am Telefon mit, eher nebenbei, »ach, übrigens...«. Sein schlechtes Gewissen war unüberhörbar, eigentlich hätte er gern mit den beiden Frauen weitergelebt.

Monika organisierte sich ihr Leben neu. Wöchentliche Gespräche mit einer Therapeutin stabilisierten sie, machten ihr auch klar, wie sehr ihre Kindheitserfahrungen ihr Leben geprägt hatten.

Monika sagt heute, daß sie nicht wisse, ob sie Christian geliebt habe, damals, am Beginn ihrer Ehe sei es wohl so gewesen, nein: eigentlich erst später. Nein: es sei ja wohl doch nur eine solch merkwürdige Vater-Tochter-Wiederholung gewesen? Sie weiß es eigentlich nicht. Sie weiß auch nicht, warum sie sich nicht getrennt hat. Eigentlich sei ihr schon lange klar gewesen, daß es so nicht weitergehen könne – aber von sich aus den Schritt machen: nein, das habe sie nicht fertiggebracht.

Monika wird schwer krank; sie wird operiert; man fürchtet um ihr Leben. Sie selbst fürchtet nichts. Sie ist heiter und interessiert an der Welt, von Christian will sie nun endgültig nichts mehr wissen. Dieser versucht immer wieder, Kontakt aufzunehmen, aber Monika wehrt ab. Sie hat wohl auch diese Trennung überwunden. »Das Schlimmste ist mir schon passiert«, sagt sie einmal, »die Krankheit ist weniger schlimm«. Nun ist ihre Krankheit, an der sie ihr Leben lang laborieren wird, der »Depressionsersatz«, da kann Christian nicht mehr helfen.

Monika hat durch die therapeutischen Gespräche mit einer Ärztin sehr viel über ihre Ehe begriffen: daß sie Christian überfordert hat, daß sie ihn von Anfang an in die falsche Rolle gedrängt hat. Denn natürlich ist Christian nie ein sehr stabiler Partner gewesen, hat selbst sehr viele Probleme mit seinem Selbstwertgefühl und ist in die Rolle des freundlichen Papis mit dem Lindenblütentee nur halbherzig geschlüpft. Seine Identität als Mann mußte immer wieder neu bestätigt werden, das konnte Monika nicht, so wie auch er sie nicht als Frau bestätigen konnte. Beide haben nie aus den alten Mustern herausgefunden, und so konnte die ganze lange und traurige Geschichte eigentlich nur schlecht ausgehen.

Was macht den Unterschied zwischen den beiden Paaren aus, wo doch bei beiden ähnliche Grundmuster zu erkennen sind?

Nun, ganz sicher ist das Alter, in dem sich die jeweiligen Paare getroffen haben, sehr wichtig. Es ist schwierig, aus krankmachenden Mustern »auszusteigen«, wenn man sich in sehr früher Jugend in sie hineinbegeben hat. Daß bei Doro und Louis die Sexualität immer gestimmt hat, hängt wahrscheinlich auch damit zusammen: Sie waren erwachsen, hatten beide Erfahrungen gesammelt und mußten nicht erst ihre sexuelle Identität miteinander erspüren. Allzuviel Vater-Tochter-Phantasien hatten diesen Prozeß bei Monika und Christian wohl erschwert. Außerdem ist doch wohl anzunehmen, daß Monikas depressive Verstimmungen, die so oft in psychosomatischer Weise sich äußerten, tiefer und heftiger waren als die von Doro, die zwar öfters depressiv ist, aber doch nie in Krankheiten hineinflüchten muß. Vermutlich ist auch Louis seelisch besser ausbalanciert als Christian, der sich wohl erst im Laufe seiner zweiten Ehe ein wenig weiter entwickelt hat und jetzt sehr konstant mit der neuen Partnerin lebt. All dies macht einen großen Unterschied und entscheidet darüber, ob ein Paar es miteinander aushält oder nicht.

Die Balance zwischen Sublimierung und Abwehr ist Doro und Louis offenbar geglückt; Monika und Christian haben mit ihrer Liebe – wenn es denn eine war – nicht viel anfangen können und haben einander unglücklich gemacht.

Was zeigt sich in dieser »Balance«?

Beziehungen, die der Depressionsabwehr eines der Partner dienen, haben sehr oft die Chance, lange zu dauern. Der Depressive kann sich schwer trennen, und es müssen schon böse Dinge passieren, damit es so weit kommt.

Viele Beobachter finden, daß Louis Doro ausbeutet. Klar, daß man so denken kann: Doro arbeitet fleißig, trägt viel mehr zum Lebensunterhalt bei, ist sehr viel ehrlicher als er, Louis erlaubt sich viel mehr Freiheiten als sie usw.

Und was leistet er? Ich denke, daß er durchaus auch eine Leistung erbringt. Es ist sicher nicht leicht, mit einem Menschen zusammenzuleben, der immer erst das halb leere Glas Wasser sieht. Da kann man wirklich nicht nur von »Ausbeutung« sprechen; die beiden – Louis und Doro – haben aus ihrer Beziehung ein Maximum an Befriedigung herausholen können, da ist die Frage, ob der eine nun ganz ehrlich und aufrichtig ist, tatsächlich nicht so wichtig. Dies weist auf einen wichtigen Punkt hin, nämlich auf das Postulat der »Aufrichtigkeit«, des »Authentischen« in der Liebe. Alle psychoanalytischen Theorien der Liebe tun so, als wäre das sozusagen natürlich, selbstverständlich und keiner Hinterfragung wert. Das macht auch die modernen Liebestheorien so schwergewichtig, so ungemein ernsthaft. In der Liebe entdeckt man sein wahres Selbst, oder man entdeckt das des anderen. Idealisierungen müssen schließlich einer Realitätssicht weichen, gegenseitige Treue und Aufrichtigkeit sind gefordert, zusätzlich noch zur ganzen Person, die man in die Waagschale wirft. »Integration« heißt daher das alle Liebestheorien durchziehende Wort: Integration der zärtlichen und sexuellen Strebungen, der Ichfunktionen mit dem Erotischen, des Ödipalen mit dem Praeödipalen, der Aggression mit dem Eros. Die »Tiefe« einer Liebe, so sagt Kernberg, wird noch größer, wenn die Ahnung von Verlust, Verzicht und Tod mitspielt.

Wie anders sieht die Liebe zum Beispiel bei Casanova aus. Mit ihm spielen die Liebesobjekte mit Begeisterung ein schön inszeniertes Spiel, ein Spiel, das nach Beendigung mit dem Beifall auch der beiden Akteure bedacht wird. Da bleibt meist kein Herzeleid übrig, kein tragischer Verzicht – da steht man auf einer Bühne und freut sich an der gekonnten Aufführung. So wird es berichtet von Christoph Klotter im Buch *Liebesvorstellungen im 20. Jahrhundert.*

Nun ist Louis kein Casanova, sondern ein moderner Mann, der seine Doro ganz gut kennt und recht genau spürt, welche Defizite sie beide haben. Er spielt daher nicht nur ein Spiel; andererseits aber nimmt er alles nicht ganz so ernst, kleine Seitensprünge berühren sein wahres und wichtiges Leben nicht, auch wenn sie ihm einiges bedeuten. Wir können annehmen, daß dies durchaus der Fall ist. Sie geben seinem Leben eine gewisse Würze, ohne die er die oftmals dunklen Stunden mit Doro sehr viel schlechter ertragen könnte.

Auch dies ist unter dem Gesichtspunkt der Sublimation eine Leistung der beiden: Doro leistet viel, indem sie eben nicht immer die Augen aufmacht und ihrem Louis nachspioniert oder sich darum bemüht, daß er wirklich ordentlich arbeitet; Louis aber weiß genau, wie er seine Gaben des Charmes und der Lebensleichtigkeit einsetzen kann, um ihre Beziehung immer wieder freudig und unbeschwert zu gestalten. Das ist eine Leistung, die nicht unterschätzt werden darf.

Es ist der bei jeder Sublimationsleistung nötige Verzicht auf Vollkommenheit der Befriedigung. Doros Wesen würde es sicher entsprechen, eine »vollkommen ehrliche« Beziehung zu führen, ohne Wenn und Aber. Dies aber hätte sicher katastrophale Folgen und würde nicht nur zu den bekannten destruktiven Psychospielen (etwa im Sinne des Theaterstücks *Wer hat Angst vor Virginia Woolfe*?) führen, sondern eben die Beziehung selbst ganz schnell zerstören. Und wieso kann man auch Louis, dem narzißtischen »Windhund«, ein gewisses Maß an Sublimierungsfähigkeit zuschreiben? Nun, vor Doro war sein Leben getrieben von Bewunderungssucht, den immer wieder von neuem angestrebten Verwöhnungen durch Frauen, dem Ausweichen vor jeder Verantwortung. Nun muß er sorgsam planen, auf viele Befriedigungen verzichten und zugunsten eines »erarbeiteten« Glücks alle leichteren Möglichkeiten ausschlagen. Abwehr im Sinne der Psychoanalyse ist dabei natürlich auch im Spiel: Doros mehr oder weniger bewußtes »Augenschließen« ebenso wie die kleinen Eskapaden, die Louis sich – fast hinter dem eigenen Rücken – gewährt.

Aber bis jetzt scheint die Balance geglückt zu sein. Daß all dies nicht die »vollkommene Liebe« ist: wer kann sich daran ernstlich stören?

Christian und Monika aber hatten noch Entwicklungsaufgaben zu bewältigen, die sie innerhalb ihrer Beziehung nicht erfüllen konnten. Wie es mit Christian weitergegangen ist, weiß ich nicht; Monika aber hat einen großen Schritt getan. Ihre Sublimierungsleistung lag in der Zeit nach Krankheit und Ehe; sie hat aus ihrem Schicksal gelernt, sie hat sehr viel an Reflexionsarbeit geleistet, um wieder in ein gutes Gleichgewicht zwischen Fröhlichkeit und Nachdenklichkeit zu finden. Depressionen und vielerlei Krankheiten hat sie nun nicht mehr nötig. Die Folgen ihrer Operation wird sie zwar immer zu spüren haben – aber sie muß dies nun nicht mehr zum Thema einer Beziehung machen. Die Chancen für einen Neuanfang sind – sofern der Zufall mitspielt – sicher recht gut.

In unserem Alter?

Hermann und Maria waren beide fast siebzig, als sie sich fanden. Sie kannten einander allerdings schon lange, denn Maria war als Lehrerin am Gymnasium angestellt gewesen, dem Hermann als Direktor vorstand. Das aber war schon längere Zeit vorbei, und übrigens erinnern sich beide an diese Zeit auch nicht so sehr gern. Die Situation Vorgesetzter-Untergebene war nicht immer erfreulich gewesen, wenngleich es auch nie zu größeren Schwierigkeiten gekommen war. Maria hat Hermann allerdings immer bewundert, und das tut sie auch jetzt noch. Hermann ist ein großer Literaturkenner, er ist historisch beschlagen und Maria, die neben Französisch ebenfalls Geschichte unterrichtete, hat noch immer ein wenig Schuldgefühle, wenn man sie bei eklatanten Wissenslücken erwischt. Hermann aber konnte auch damals schon unangenehm besserwisserisch sein. Sie hatte also häufig ein wenig Angst vor ihm, vielleicht aber war dieser Angst-Bewunderungs-Melange schon ein wenig Liebe beigemischt?

Maria ist sich da nicht ganz sicher, denn sie hat immer gewußt, daß Hermann verheiratet war und bestimmt nie einen Seitensprung gewagt hätte. Maria hätte als Single-Frau unter anderen Umständen ein wenig mehr Gedanken an Hermann verschwendet, aber auf solch ungewisse Dinge ließ sie sich auch innerlich nicht ein. Wenn einer, wie Hermann, Treue ausstrahlte, dann ließ sie ganz sicher die Finger davon.

Maria war in ihrer Jugend eine sehr attraktive Frau gewesen (»rassig« hieß das damals), die viele Bewunderer hatte. Man wunderte sich, weshalb sie nie gebunden war – aber Maria gab wenig preis aus ihrem Intimleben. Sie hatte viele und gute Freunde, mit denen sie stundenlang tratschen und auch diskutieren konnte – ihr Innerstes aber kehrte sie nicht so leicht nach außen. Maria hatte einen Sohn, aber niemand wußte, wer der Vater dieses Sohnes war. Es war aber leicht zu bemerken, daß sie an diesem Sohn sehr hing, und man konnte sich wohl vorstellen, daß es in ihrer Jugendzeit vermutlich nicht ganz einfach war, ein uneheliches Kind zu bekommen.

Nun, das war alles längst vergessen.

Maria traf Hermann bei der Hundertjahrfeier ihrer Schule wieder. Hermann, der bekannte ehemalige Direktor, wurde feierlich geehrt und nahm dies mit Wohlwollen zur Kenntnis. Auch Maria fühlte sich im Kreise alter Kollegen und Schüler äußerst beschwingt und heiter. Hermann forderte sie schließlich zum Tanzen auf, und Maria, die übrigens nicht besonders gern tanzte, weil sie dann immer leicht zu schwitzen anfing, zierte sich nicht. So kamen sie ins Gespräch. Maria hatte erfahren, daß Hermann seit drei Jahren Witwer war; seine Frau, so erzählte er auf ihre vorsichtigen Nachfragen, war mehrere Jahre lang an Krebs erkrankt gewesen, und er hatte diese Zeit mit großem Pflichtgefühl und viel Besorgnis mit ihr erlebt. Jetzt, so schien es, war er wieder unbeschwert, aber die letzten Jahre hatten an ihm gezehrt. Man sprach plötzlich über vieles, was man früher nie besprochen hätte: Marias neues ehrenamtliches Engagement in der Pfarrei der katholischen Ägidi-Gemeinde, wo sie einen Bibelkreis betreute und Freizeiten organisierte; Hermanns neues Interesse für das Segeln (er hatte sogar den Segelschein gemacht) und über ihrer beider Probleme mit dem Alter.

Beide waren sich darüber einig, daß sie sich noch längst nicht alt fühlten, daß sie zwar einige Gesundheitsprobleme hatten, aber eigentlich nichts Schwerwiegendes. »Blutdrucksenkende Mittel bedeuten ja noch nicht, daß man alt ist«, meinte Hermann, und beide lachten, als sie unversehens ihre Blutdruckwerte austauschten. »Jetzt aber Schluß«, meinte Maria, »das wäre wirklich ein Zeichen von Alter, wenn wir jetzt unsere Krankenakte öffnen.«

Schnell kam man in tiefere Gewässer. Die kleinen Schüler hatten eine Aufführung des »Froschkönigs« geboten, in einer modernen Fassung; der Froschkönig war hinterher kein Prinz, sondern irgendeine Art Filmstar oder Popstar geworden. Es gab ziemlich viele Anspielungen auf Filmszenen, die übrigens weder Maria noch Hermann kannten, weshalb sie sich nicht ganz so gut amüsierten wie die Schüler. Der Froschkönig gehörte allerdings zu Marias Lieblingsmärchen, und so knüpfte sich daran ein für beide recht interessantes Gespräch. Hermann war nämlich irrtümlich der Meinung gewesen, der Froschkönig sei durch einen Kuß erlöst worden; da es aber eine aggressive Handlung war, durch die er ein Prinz wurde, wie Maria sehr wohl wußte, war man unversehens in einem Disput über die Notwendigkeit oder Möglichkeit der Aggression in der Liebe gelandet. Hermann vertrat eine »sanfte« Version, Maria wollte davon nichts wissen. Wie es ihre Art war, diskutierte sie engagiert und mit vielen Beispielen aus der Literatur und sogar aus ihrem eigenen Leben. (Letzeres war eher ungewöhnlich).

Der Abend wurde in einem kleinen griechischen Restaurant bei Wein und Domidossola fortgesetzt, und es wurde ein recht langer Abend. Am Ende war ziemlich klar: sie wollten einander wiedersehen und tauschten Adressen und Telefonnummern aus. Leider wohnte Maria nun nicht mehr am selben Ort wie Hermann, aber ein Wiedersehen war ohne allzu große Mühe möglich. Sie wollten telefonieren.

Dies taten sie schon am nächsten Abend ganz ausgiebig und auch an den darauf folgenden. Es war klar: beide hatten Interesse. Bei Maria allerdings klingt es, wenn sie von dieser Zeit erzählt, noch viel enthusiastischer: »Ich habe mich verliebt«, sagt sie, »ganz toll verliebt, ich dachte eigentlich nur an ihn, und ich dachte sofort an Zusammenziehen, ja sogar an Heirat...« Davon war der eher ruhige und bedächtige Hermann allerdings weit entfernt. Maria interessierte ihn, er hatte sie übrigens immer schon als eine nicht nur attraktive, sondern auch kluge Kollegin empfunden und war später überrascht zu hören, daß sie ihn gefürchtet hatte.

Er fand, daß Maria sehr gebildet und scharfsinnig war, und fühlte sich ihr gegenüber intellektuell durchaus nicht im Vorteil. Sowieso hielt er nicht gar so viel von sich, es war wohl eher die Vorgesetzten-Position gewesen, die ihm das Flair des Besserwissers verliehen hatte. Maria aber behauptet nach wie vor, daß er eben doch etwas »Oberlehrerhaftes« an sich habe. »Bin ich ja auch«, meint er dann trocken.

Die langen Telefongespräche führten in allerlei Gefilde. Hermann war zu seinem eigenen Erstaunen nicht abgeneigt, sehr Persönliches zu berühren – durch die Krankheit seiner Frau sowie überhaupt in den letzten Jahren hatte er sich ein wenig abgesondert von anderen Menschen, obwohl er durchaus gute Freunde hatte. In der Krisenzeit waren ihm einige besonders ans Herz gewachsen, und er berichtet häufig voll Rührung, wie sehr sie sich um ihn gekümmert hatten. Einmal hatten sie ihn sogar, wie er Maria gestand, davon abgehalten, allzu viel Schlaftabletten zu schlucken. Es hatte damals, nach dem Tod seiner Frau, schlimm um ihn gestanden. Seine beiden Töchter waren weit weg gewesen, und nach der ersten Trauerzeit waren sie allzu sehr mit ihren Familien beschäftigt, als daß sie sich viel um den alten Vater gekümmert hätten. Er war sich damals sehr verlassen und einsam vorgekommen – so richtig zum alten Eisen gehörig und niemandem nutze.

Das alles berichtete er Maria ohne falsche Scham. Auch über seine Ehe befragte sie ihn. Allzu gut war die, wie er sagte, nie gewesen. Sehr viel Berechnung war dabei im Spiel gewesen, wenig Liebe. Seine eigene Möglichkeit, Problemen zu begegnen, waren Rückzug und Schweigen. Um die beiden Töchter hatte er sich wenig gekümmert, das war Sache der Mutter; als die eine dann in der Schule versagte, befand er, daß die Mutter die Schuldige sei. Das alles berichtete er sehr ehrlich, mit Schuldgefühlen. Allerdings, so meinte er, habe er gerade am Ende ihrer gemeinsamen Zeit versucht, versöhnlicher zu sein. Da sei seine Frau verständlicherweise nicht mehr sehr gern bereit gewesen, Probleme zu besprechen, und so habe er sich damit begnügt, ihr einfach alle Wünsche zu erfüllen.

Daß ihn ihr Tod so sehr getroffen habe, sei für ihn selbst nicht ganz verständlich. Geliebt habe er sie nie, meinte er.

Aber was heißt das schon?

Maria war in dieser Art von Gesprächen durchaus bewandert. Oft schon hatten ihr Freunde alles mögliche anvertraut. Sie selbst war allerdings bei Männern immer recht vorsichtig gewesen. Aber nun war ihr plötzlich nach Erzählen zumute. Ohne allzu viele Hemmungen erzählte sie am Telefon ihr Leben: die unglückliche Geschichte mit ihrer Jugendliebe, der sie zuerst vertraut hatte und die dann zu solch großer Enttäuschung geführt hatte; das Kind, das sie mit einem viel älteren und sehr geliebten Mann hatte, der sich aber nicht traute, sich zu ihr zu bekennen, die schwierigen Zeiten danach... Maria hielt nichts zurück.

Über ihre Freundschaften sprachen sie, ihre Kinder, ihre persönlichen Macken...

Als sie sich nach drei Wochen wieder trafen, waren sie schon sehr vertraut miteinander, und dieses Vertrauen setzte sich fort.

Wie es mit der körperlichen Liebe war?

Nun, die beiden waren auch in dieser Beziehung sehr offen. »Natürlich ist das in unserem Alter nicht mehr das Wichtigste«, erzählt Maria später, »aber es ist schön, daß uns auch das noch geschenkt wird; wichtiger aber ist das Gespräch.« Maria hatte allerdings, wie sie gesteht, Hemmungen, weil sie sich nun nicht mehr sehr begehrenswert findet und der Meinung ist, daß Hermann immer sehr begierig nach jungen Frauen schielt. Dieser wehrt immer ab – nicht ganz überzeugend. »Ein wildgewordener Liebhaber ist er gerade nicht«, beschrieb ihn Maria lachend. Es scheint wirklich nicht so wichtig.

Hermann war nach einigen Wochen auch davon überzeugt, daß ein Glücksstern über ihm geleuchtet hatte, als er – mehr unversehens – Maria zum Tanzen aufgefordert hatte. Die abendlichen Telefonate gehörten jetzt schon zu seinem Leben dazu. Fiel eines davon aus, spürte er eine gewisse Unruhe.

Die beiden machten Pläne. Natürlich wollten sie reisen, sie wollten wandern gehen (»in der Wüste am liebsten«), sie wollten gemeinsame Ferien in den Bergen machen – und natürlich würden sie einander besuchen. Daß dabei immer auch kulturelle Ereignisse eine Rolle spielten, war klar. Man genoß gemeinsam Theater, Kino und Konzerte. Während der ersten Wochen gab es keine Trübung des Glücks.

Hermann wunderte sich manchmal, mit welcher Selbstverständlichkeit es ihm gelang, Persönliches zu formulieren. Wenn er bei Maria zu Hause war, freute er sich an ihren Freunden, allerdings gab es auch ein wenig peinliche Momente, wenn Maria enthusiastisch von ihm als vom »Mann ihres Lebens« oder von »DEM Mann meiner alten Tage« sprach. Das klang, als wollte sie nie mehr von ihm lassen. Er hatte zwar keine besonderen Ausbruchswünsche, aber er liebte seine behagliche Unabhängigkeit, seine Segelfreuden (die sie nicht unbedingt teilte) und wollte nicht vereinnahmt werden.

War Maria bei ihm, dann ging ihm manchmal ihre Redseligkeit auf die Nerven. Er war ein Schweiger und wollte keinen Smalltalk, aber Maria fand offenbar alles, was ihr durch den Kopf ging, mitteilenswert. »Ich plaudere, also bin ich«, sagte sie und verwies auf ihre französische Mutter, bei der sie das »Plaudern« wohl gelernt hatte. Es ließ sich nicht leugnen, daß Maria mit ihrer Fähigkeit zur Konversation bei allen seinen Freunden und auch bei den Töchtern, die sie unbedingt kennenlernen wollten, gut ankam. Es wurde allgemein befunden, daß er »Glück gehabt« habe. Hermann fand dieses Urteil bald ein wenig lästig. Bedurfte er so sehr einer Partnerin? Aber immer wieder gab es Sternstunden des gemeinsamen Redens oder Genießens von Musik oder Theater, in denen er dieses Urteil seiner Freunde bestätigt sah. Ja, er hatte Maria nun wirklich gern und empfand sie mehr und mehr als einen Teil seines Lebens. Daß sie ihn immer wieder zu mehr Gefühlsausdruck nötigen wollte, nahm er seufzend zur Kenntnis.

Mußte man als altes Paar wirklich Hand in Hand auf der Straße gehen? Lächerlich! Und im Kino: ihre tastende Hand im Dunklen... man war doch kein Teenager mehr.

Trotzdem: Es war wohl oft recht schön mit ihr, und irgendwie kam man nach einem ehrlichen Gespräch dann immer wieder zurecht. Und es war möglich, ehrlich zu reden! Das war für ihn etwas Neues. Noch nie hatte er einen Menschen – schon gar nicht eine Frau – so nahe an sich herangelassen! Er fühlte, daß da etwas Neues, etwas Konstruktives in sein Leben kam, was ihm auch guttat.

Auch Maria fühlte das, aber auch für sie gab es viele Ungereimtheiten. Wieso konnte man sich nicht ungenierter geben? Daß Hermann den wenigsten seiner

Freunde über ihre neue Freundschaft erzählte, empfand sie als Herabsetzung. Er mußte sie doch nicht verstecken! Und das mit der öffentlichen Zärtlichkeit: wie albern, wegen ein wenig Händchenhalten ein solches Theater zu machen. Und warum konnte Hermann nie geradeheraus sagen, daß er sie liebte? Sie tat das doch auch ohne Scheu. Oder liebte er sie gar nicht? Altes Mißtrauen der Männerwelt gegenüber tauchte wieder auf. Daß Hermann Weihnachten mit seiner Tochter und dem gerade geborenen Enkelsohn verbringen wollte, konnte sie gerade zur Not noch akzeptieren; aber mußte er gleich zwei Wochen dort bleiben? Was war dann mit ihr?

Solche Probleme tauchten da und dort auf, aber bald würde man ja gemeinsam Ferien machen, und damit tröstete sich Maria immer wieder. Hermann wollte dies offensichtlich auch. Die phantasievolle Maria stellte sich das sehr idyllisch vor: Strandspaziergänge zu zweit, Besichtigungen unter Hermanns fachkundiger Leitung und am Abend ein gemütliches Hotelzimmer, in dem man lesen, plaudern, kuscheln konnte.

Diese Ferien aber waren ein reines Desaster – trotz strahlender Sonne, herrlichem Meer und einer Reihe von Ausflügen in interessante und kulturell sehenswerte Städte. Hermann war muffig, Maria, so empfand er es, war lästig und allzu selbstherrlich. Einerseits wollte sie alles anders machen als er, andererseits aber hängte sie sich an ihn wie ein Mehlsack. Er kannte die Gegend sehr gut und wußte viel besser Bescheid, aber Maria verdarb alles. Immer wieder begriff sie nicht, wann er Ruhe wollte (und nicht das ewige Geplaudere über Nichtigkeiten), sie verstand auch nicht, daß er sich sehr ungern nur von seinen Plänen abhalten ließ, wenn er sie so sorgsam vorbereitet hatte. Maria aber war launisch – es kam ihr immer wieder etwas Neues in den Sinn, und sie verteidigte lautstark ihre »Spontaneität«. Und die Selbstverständlichkeit, mit der sie seine Zahnpasta benutzte, weil sie die ihrige vergessen hatte! Solche Übergriffe konnte Hermann nicht verstehen; er ging schließlich hin und kaufte ihr eine eigene Tube – aber merkwürdigerweise war sie deshalb beleidigt.

Hermann schwieg bald einmal verbissen, und am Ende der 14 Tage war klar: so konnte es nicht weitergehen. Hermann dachte an Trennung, und Maria wartete. Als fünf Tage lang kein Anruf kam, schrieb sie einen Abschiedsbrief. Sie war irgendwie erleichtert, als dieser im Briefkasten war. Sie hatte sehr ehrlich geschrieben, ihm gedankt für vieles, was schön gewesen war, und fühlte sich nun wieder ganz wie ein Single. Sie war traurig über die zerronnenen Hoffnungen, aber nicht verzweifelt.

In dieser Situation tat Hermann etwas Ungewöhnliches: Er rief bei Maria an und überredete sie, eine Partnerschaftsberatung aufzusuchen.

Maria war verblüfft. Es war ihm also doch an ihr gelegen? Trotz aller Schwierigkeiten hatte auch er also gespürt, daß sie beide eine große Chance bekommen hatten?

In dieser Situation landeten die beiden bei mir in der Praxis, und daher kenne ich ihre Geschichte sehr gut, auch von innen.

Ich war beeindruckt von ihrer beider Ernst, mit dem sie sich um ihre Beziehung bemühten. Maria war, wie das bei Paaren öfters der Fall ist, die wortgewandtere, aber auch ein wenig voreilig. Hermann war bedächtig, drückte sich ab und zu auch um allzu viel Gedankenarbeit und war häufig mit dem Spruch »Ach, das ist ein weites Feld« zufrieden. Aber alles in allem gaben beide nicht auf. Sie fanden Gefallen an meinem Beharren darauf, daß auch die kleinsten Anzeichen beachtet werden müßten, wenn Unmut oder Unverständnis sich breitmachten. Die beiden waren sehr verschieden – von ihren Lebensgeschichten her, von ihren Kompetenzen und Einstellungen. Es mußte viel besprochen und immer wieder von neuem geklärt werden. Es war für mich bald klar, daß Hermann sehr an ihr hing, daß er trotz einer gewissen gefühlsmäßigen Kargheit Maria liebte. Marias Enthusiasmus hingegen rief bei Hermann eher Mißtrauen wach; er konnte sich das Ganze nur als Theaterspiel vorstellen und reagierte dementsprechend. Es dauerte nur einige Sitzungen, und die beiden hatten das konstruktive Sprechen miteinander so gut gelernt, daß sie keine weiteren Stunden mehr benötigten.

Ab und zu höre ich von Maria und Hermann; sie leben gut miteinander und haben es gelernt, sich mit ihren Verschiedenartigkeiten zu arrangieren, ohne daß jeder allzuviel von sich aufgeben muß. Hermann erscheint mir dabei derjenige, der sein Leben noch mehr verändert hat als Maria. Wenn ich ihr das sage, wird sie unwillig: auch sie habe Federn lassen müssen. Immer sei sie der Meinung gewesen, daß ihr »französischer Charme« genug Kompetenz für eine Beziehung sei; dies habe ihr Hermann gründlich ausgetrieben. »Ich habe ganz neu wieder angefangen«, sagt sie manchmal klagend, aber daß sie dabei recht zufrieden ist, kann man ihr ohne Mühe ansehen.

Als ich die Geschichte von Hermann und Maria hörte, fiel mir die psychoanalytische Theorie von Theodor Reik ein, die sich eher abseits des Hauptstromes bewegt, von manchen wird sie sicher nicht als genuin psychoanalytisch angesehen werden. Er sieht keine Verbindung zwischen Liebe und Sexualität (das weist ihn vielleicht als Psychoanalyse-Abtrünnigen aus!), hat sich aber in besonderer Weise mit dem Liebesgefühl befaßt. Seine Hauptfrage gilt dem Thema: Warum verlieben sich Menschen, warum gerade in den und keinen anderen und warum gerade zu dieser Zeit?

Die Lösung des Problems sieht er in der Neidabwehr: In Phasen, in denen das Selbstbild und das Idealbild besonders weit auseinanderklaffen, sucht man nach einer Person, die die begehrten Eigenschaften (zumindest in den Augen des Verliebten) hat. Man beneidet sie zwar, verliebt sich aber, weil man dann sozusagen zu einem Teil dieser Person werden kann und daher den Neid abwehrt. Man ist dann durch die idealisierte Person des (der) anderen sozusagen wiederum heil und ganz und kommt den Idealvorstellungen, die man von sich haben möchte, wieder näher. Dies erinnert dann doch auch wiederum an Freuds Theorie, daß es Menschen gibt, die den anderen lieben, weil man sich an ihn anlehnen kann, da er die selbst gewünschten Eigenschaften besitzt. Er nennt dies die Liebe nach dem Anlehnungstypus.

Die Liebe beginnt also mit dem unguten Gefühl des Neides, der sich dann in Bewunderung verwandelt. Beim »Entlieben«, so meint Reik, würde dann dieser Prozeß gerade umgekehrt: Der Idealisierung folgen Neid und Entwertung. Gleichgültigkeit oder Haß sind die Folge.

Nun mag man die Allgemeinheit dieser Abfolge mit Fug und Recht bezweifeln. Es ist, wie ich meine, diese Theorie auch nicht geeignet (wie Reik denkt), die Freudsche Theorie zu widerlegen, da sie auf einem ganz anderen theoretischen Hintergrund angesiedelt ist. Als Beschreibung aber trifft sie vermutlich für viele Paare ganz gut zu. Den Beginn einer Liebesbeziehung als ein Stück à la *Der Widerspenstigen Zähmung* zu sehen, macht bei vielen Paaren Sinn.

Nun ist es immer merkwürdig, wenn alte Menschen sich in Liebe finden; noch merkwürdiger aber erscheint es den meisten, wenn dieses Paar sich schon sehr lange kennt, ohne daß der Funken übergesprungen ist. Und als Seltenheit wird es betrachtet, wenn dies bei einem solch alten Paar der Fall ist. Solchen billigt man zwar pragmatische Gründe zu, aber Verliebtheit? Das scheint doch eher etwas für die Jugend?

Was also war es gerade bei Hermann und Maria?

Ich habe mich bei den beiden sehr genau erkundigt, wie denn bei jedem von ihnen der Beginn des Liebesgefühls beschaffen war und in welcher psychischen Situation sie sich vorher wohl befunden haben?

Hermann meint, daß er damals wohl schon etwas stabiler gewesen sei, aber er habe sich immer noch Vorwürfe gemacht wegen seines oftmals lieblosen Verhaltens in der Ehe; auch die Töchter hätten ihn in ihrem Schmerz um den Tod der Mutter oft hart konfrontiert. Alles in allem bezeichnet er sein Leben als nicht gerade berauschend, er hat sich wirklich oft Vorwürfe gemacht und ist sich ziemlich schlecht und auch langweilig vorgekommen. Die heitere Maria mit ihrem großen Freundeskreis hatte ihm viel Respekt eingeflößt. Natürlich kann er nicht von sich aus den »Neid« bestätigen, der ist ja wohl meist unbewußt. Daß er aber irgendwie auch »partizipieren« wollte an ihrem Leben, das weiß er wohl. Bald einmal aber wurde es ihm allerdings zu viel, alles sollte zu schnell gehen, da wurde er anläßlich der gemeinsamen Ferien recht ängstlich und war schnell beder Hand, ihre Fehler zu entdecken. Er fand sie damals oberflächlich, immer nur halb informiert, aber mit dem Gestus des Besserwissens behaftet – mit einem Wort: unerträglich. Er hatte sich mit seinem Junggesellenleben gerade ordentlich arrangiert, Maria – so hatte er das Gefühl – drang überall ein. Warum wollte sie unbedingt so rasch seine Freunde kennenlernen? Das hatte doch Zeit. Er wollte sie bei Gott nicht verstecken, aber er fand sich richtiggehend vergewaltigt, wenn sie selbst seine Freunde einlud und das Menü plante. Das stand ihr einfach nicht zu!

Und Maria? Ihr Leben war damals, als sie sich fanden, in ruhigen Bahnen verlaufen. Aber – wie Maria nach einigem Nachdenken meint – ein wenig zu ruhig. Sie erinnert sich, daß sie sich manchmal fragte, ob denn nun wirklich alles so seinen immer gleichen Gang gehen sollte? Und dann (dies fällt Maria nicht leicht einzugestehen), eine ihrer ein wenig jüngeren Freundinnen hat ein Jahr zuvor eine neue Partnerschaft begonnen, und Maria hat längere Zeit gehofft, daß aus dieser Partnerschaft nichts würde. Dies hat sie einerseits gehofft, weil sie gern gehabt hätte, daß diese Freundin wiederum genausoviel Zeit für sie haben würde wie vorher; andererseits aber sei es auch einfach Neid gewesen, der zu dieser häßlichen Vorstellung vom Scheitern dieser Beziehung geführt habe.

Mit einem Wort: Maria war damals auch ein Stück weit von Zufriedenheit und Ruhe entfernt gewesen; daß sie selbst vielleicht nicht fähig sein könnte, eine Beziehung zu einem Mann stabil zu halten, war ihr manchmal doch auch als ein eigenes Defizit erschienen. (Maria hatte öfters auch im Alter noch flüchtige Bekanntschaften, die aber nie zu etwas geführt haben!) Und daß sie

Hermann um sein großes Wissen immer schon beneidet hat und sich neben ihm sehr ungenügend vorgekommen ist: das hat Maria sehr wohl immer gewußt. Daß sie infolge der französischen Mutter und dem Besuch eines französischen Gymnasiums diese Sprache perfekt beherrschte, erschien ihr denn doch als keine besondere Leistung, wenngleich sie natürlich froh war, ein solches Geschenk erhalten zu haben.

Natürlich fragt man sich bei solchen Altersbeziehungen auch immer wieder, wie denn wohl die Sexualität eingebaut sei?

Hermann und Maria waren zwar sicher nicht sexscheu, aber in den Mittelpunkt stellen sie Sexualität nicht und haben das nie getan. Es gibt aber offensichtlich recht große Unterschiede in bezug auf das Bedürfnis nach Zärtlichkeit, es gibt Hemmungen (bei Maria vor allem), und es gibt ganz sicher nicht das bei jungen Paaren Streit und Hemmungen überrollende hemmungslose Begehren. Dies ist es ja, was jungen Paaren über viele Hürden der Beziehungsrealität hinweghelfen kann.

Es läßt sich also nicht leugnen, daß bei beiden eine wichtige »Hilfe« mehr oder weniger wegfällt. Dies muß irgendwie kompensiert werden. Hier gab es nach einigen Gesprächen vieles, was sie beide einbringen konnten: vor allem das Gefühl, daß die Möglichkeiten einer befriedigenden Partnerschaft mit so vielen Gemeinsamkeiten der Interessen und der Bildung nicht jederzeit wieder auftauchen würden, wenn man sich den Siebzig nähert. Es muß daher auch vieles »über den Kopf« überlegt werden und nicht über die Geschlechtsorgane, welche, wie man weiß, nicht immer sehr zuverlässige Berater sind. Die Möglichkeit des Sprechens unter Leitung der Psychotherapeutin war daher schnell erfolgreich.

Übrigens fällt auch noch eine andere Hilfe beim Durchhalten der Beziehung weg, nämlich die Realität einer gemeinsam nötigen Lebensorganisation, wie es in einer Ehe wichtig wird, vor allem in einer Ehe mit Kindern. Obwohl Maria in ihrem Überschwang sofort an Heirat gedacht hat (vielleicht, weil sie nie verheiratet war?), wurde ihr doch recht bald klar, daß dieser Gedanke unsinnig war. Es hätte eine Heirat nur »Vorzeigewert« gehabt, es gab aber keine Notwendigkeit und viele Einwände dagegen. Jeder von ihnen hatte ein sehr eigenbestimmtes Leben geführt, die Alltagsorganisation sah sehr unterschiedlich aus, und es wäre sicher beiden schwer geworden, sich auf eine ganz andere Lebensweise einzulassen. Auch hier mußte also bei den beiden der Verstand einsetzen, so wie für die beiden bei aller Liebe, die sie füreinander wohl empfinden, das Nachdenken und Sprechen immer wichtig sein wird. »Bei uns ergibt sich wenig von selber«, sagte einmal Maria zu Beginn unserer Gespräche. Ich nehme an, daß sich das ein wenig ändern wird im Laufe der Jahre, die den beiden gegönnt sein mögen. Sicher aber wird es immer wieder nötig sein – mehr als bei vielen jungen Paaren.

Die Kreativität in der Lebensgestaltung von Maria und Hermann liegt nicht daran, daß sie etwas Ungewöhnliches tun, sondern daran, daß sie Schwierigkeiten, bei denen andere Paare in ihrem Alter sofort die Beziehung verlassen, als Herausforderung aufnehmen können – im Wissen darum, daß es eine seltene Chance ist, die sie da geschenkt bekommen haben. »Wir wollen keine Spielchen mehr spielen«, sagt Maria, und Hermann stimmt ihr zu. Er meint, man müsse einander nicht immer alles sagen, aber was man sage, das müsse hundertprozentig stimmen.

Die beiden haben, seit sie sich gefunden haben, mehr über die Mann-Frau-Beziehung nachgedacht als je zuvor. Immer wieder stoßen sie auf unbegehbare Pfade. Daß Maria ihrem Sohn zweifellos immer den Vorrang gibt – das ist zum Beispiel eine solche dunkle Ecke. Hermann findet, sie müsse nicht dauernd für ihn (den er ein wenig verwöhnt findet) da sein, wenn er nach ihr rufe. Der »Junge« (immerhin ist er 33 Jahre alt) wird allzu oft angerufen, immer wieder legt Maria für ihn Geld aus, da er – ein Künstler – wenig verdient (Hermann findet, sie sollte nun für ihre gemeinsamen Altersvergnügungen mehr sparen!). Aber all diese, doch auch ein wenig peinlichen Dinge besprechen sie schließlich in Frieden und Freundlichkeit, selbst wenn zuerst einmal Kampf angesagt ist. Hermann hätte es nie für möglich gehalten, daß man heikle Dinge besprechen kann, ohne gleich tödlich beleidigt zu sein. Er ist aber tapfer: Mehr als Maria fürchtet er Konflikte und macht trotzdem mit.

Dieses »Alterskunstwerk« verdankt seine Schönheit sozusagen der Sparsamkeit, mit der beide ihre Erwartungen beschnitten haben. Die alten Konflikte um Anerkennung als Mann, als Frau, die als Feindseligkeit empfundene Geschlechterspannung ist darin auf friedliche Weise aufgehoben. Diese Konflikte sind nicht weggewalzt, sie brechen immer wieder auf, aber die Fähigkeit der beiden, ehrlich zu sein, verhindert die Destruktion. Beide haben aber alte Vorurteile fallenlassen müssen. Marias kindische Vorstellung von einer charmant plappernden Französin, die darin typisch »weiblich« ist, ist ebenso weggewischt wie Hermanns Überlegungen dazu, daß ein »richtiger« Mann sich »lächerlich« macht, wenn er seine Liebe offen zeigt.

Obwohl fast siebzig und daher eingesponnen in alte

Muster und Lebensgewohnheiten, konnten sie – auch in aggressiver Weise – einander Neues beibringen und damit eine gemeinsame neue und andersartige Lebensform erfinden. Dies ist das Wesentliche an ihrem kreativen Akt. Es handelt sich nicht um eine besonders außergewöhnliche Lebensform wie bei Käthe, Max und Edith oder bei Rosa und Michael. Von außen betrachtet leben Hermann und Maria wie viele Paare: zwar an zwei getrennten Wohnorten, aber mit einem gut auskalkulierten Lebensprogramm, das gemeinsame Wochenenden und Ferien einschließt, wo es auch längere Zeiten gemeinsamen Wohnens gibt und damit auch der Alltag seinen Einzug halten kann. Das wirklich wichtige Neue ist die innere Haltung: Aufmerksamkeit auf das, was der andere – und sei es für den eigenen Lebensstil noch so fremdartig – einbringen kann, Erwartungen offenhalten und vor allem: das Gespräch nie abreißen lassen.

Die Lebens- und Liebesform, die diese beiden alten Menschen gefunden haben, birgt noch immer Explosivstoff in sich; es sieht aber so aus, als würde gerade dies genutzt werden, um eine lebendige Spannung aufrechtzuerhalten. Dies aber ist es, was man als das »Künstlerische« in ihrem Leben bezeichnen kann, es ist das Produkt einer sanften Sublimierung.

Die Liebe als Kunstwerk: Einige abschließende Gedanken

Die erzählten Geschichten sowie die Versuche einer Analyse im Sinne der Sublimierungstheorie mögen ja ganz interessant sein, so meinte eine Freundin, als ich ihr einen Manuskriptteil zu lesen gab: Aber was haben sie denn mit uns als Alltagsmenschen zu tun?

Das Liebesleben als Kunstwerk betrachten – wer kann sich da schon hineinphantasieren, wenn er (sie) sich mit den Macken der Partnerin (des Partners) abplagen muß und es im Alltag um solch banale Dinge wie den Termin für den Elternabend oder die Bereitschaft, sich mit Freunden zu verabreden, geht.

Mit Kunst aber verhält es sich doch, wie wir wissen, nicht sehr viel anders. Es sind meist nicht die »großen« Ereignisse, die Künstler zu ihren Werken inspirieren. Es sind die Alltäglichkeiten wie die Probleme mit den Partnern in jeder Lebensphase, mit ungebärdigen Kindern, mit unerfüllten Sehnsüchten. Der Wunsch des vergrämt versponnenen Faust nach Jugend, seine Verliebtheit in ein sehr junges Mädchen, seine Besinnung auf die wirklich wichtigen Dinge des Lebens am Ende: Ist das wirklich, nimmt man es als krude Tatsache, etwas Weltbewegendes? Natürlich nicht. Die Komik von Loriots einführenden Betrachtungen über Wagners »Ring« liegt in seiner treffenden Art, die überwältigende Problemwelt Wagners auf die Alltagsebene abzusenken. In dieser

Weise kann man sehr viele Kunstwerke darstellen und bekäme immer wieder Probleme vom Range des Elternabends oder der sexuellen Frustration einer hysterischen Frau zu sehen.

Der Rang eines Kunstwerks, das ist eine Binsenweisheit, leitet sich nicht von der Erhabenheit des Themas ab; es ist die Weise der Bearbeitung, die Form der Metaphorik, in der die Banalität als eine allgemeingültige gesehen werden kann, die über den Wert des Kunstwerks entscheidet.

Auf die Alltagswelt der Liebe hin gesehen ist es die Art und Weise, wie der Elternabend verhandelt wird, oder die Diskussion darüber, wann man Freunde einladen kann und wie man eine Unterhaltung in die Wege leitet.

Was aber kann die »Ungewöhnlichkeit« der hier besprochenen Liebesgeschichten uns in der gewöhnlichen Welt lehren?

Zuerst einmal: daß jede Liebesgeschichte, wenn sie einmal gelebt wird, »ungewöhnlich« sein kann. Das, was häufig in der Literatur wie auch im Alltagsbewußtsein mit solch besonderem Reiz ausgestattet wird, nämlich das Verliebtsein, ist eigentlich das Allerbanalste. Es bedarf wenig an Erfindungskraft, um Verliebtsein zu erleben. Die meisten Menschen kennen es, und es ist ohne ihr Zutun »passiert«. Die »Bearbeitung« kommt erst später – und sie kann sich auch bei der banalsten Vorlage sehr wohl in origineller Form unterscheiden von allen anderen banalen Vorlagen. Eheprobleme (der Dritte, die Finanzen, die Erziehung der Kinder) können mit mehr oder weniger Kreativität bearbeitet werden.

Was bedeutet es überhaupt, kreative Liebe zu leben? Welche Funktion kann dies haben?

Ein bekanntes Gedicht von Goethe im *West-östlichen Divan* thematisiert die mit diesem Problemkreis verbundenen Ideen:

> Wie sie sich an mich verschwendet
> Bin ich mir ein wertes Ich
> Hätte sie sich weggewendet
> Augenblicks verlör' ich mich

So läßt er Hatem zu Suleika sagen.

Wir werden sehen, daß dieses zu Beginn des 19. Jahrhunderts geschriebene Gedicht auf die im 21. Jahrhundert wohl wichtigste Funktion der Beziehungen in allen ihren Erscheinungen vorausweist: nämlich auf die Funktion der Beziehung, auch der Liebe, für die Erkundung der eigenen Identität.

Wie sollen wir uns das vorstellen?

Es gibt im modernen Vokabular von Soziologen/Sozialpsychologen neben dem Wortungetüm »Beziehungsarbeit« das noch gewichtigere Monster »Identitätsarbeit« – und beides hat miteinander zu tun.

Wenn wir in Zeiten zurückgehen, wo die Institutionen Kirche, Militär, Zünfte, Staat etc. bindende Kraft hatten für die Gestaltung des privaten Lebens, dann sehen wir, daß Normen, Haltungen, Lebensformen ziemlich festgelegt waren, zumindest für den Großteil der Bevölkerung. Nur eine gebildete Elite – und das waren nur wenige – leistete es sich immer schon, kritische Fragen zu stellen.

Das aber hieß für den einzelnen: Er konnte sich selbst als denkendes, fühlendes und handelndes Wesen ohne allzuviel Zweifel verorten und damit seine Identität bekräftigen. Wenn man als Bäcker, als Offizier, als Ehefrau allen Anforderungen genügte, dann war man als Person »in Ordnung«. Aber auch die Abweichungen von der festgelegten Ordnung konnte man ohne weiteres feststellen, auch die Identität als »Sünder« gibt Halt. Das heißt, die persönliche Identität und die Rollenidentität waren zwar nicht haargenau deckungsgleich, aber sie waren doch sehr viel klarer aufeinander bezogen als heutzutage.

Was also hat sich geändert?

Die Funktion von Beziehungen, inklusive der Liebesbeziehungen, ist heutzutage mehr als früher die der Identitätskonstituierung. Wenn Normen und Traditionen versagen, dann können wir – um uns unserer Eigenart zu versichern – auf unsere nächsten und wichtigsten Personen zurückgreifen, vor allem auf diejenigen, die wir lieben und von denen wir uns geliebt fühlen.

Die Frage »Wer bin ich denn eigentlich?« läßt sich schlecht in solipsistischer Einsamkeit beantworten. Man sagt implizit und manchmal auch explizit: »Sag du mir, wer ich bin.« Und der andere zeigt mir auf vielerlei Arten, wie er mich sieht, welche Zuschreibungen ich von ihm bekomme. Da es meist mehrere Personen gibt, die mich sehen, ergibt dies denn auch das, was moderne Soziologen und Sozialpsychologen »Patchwork-Identität« nennen, also ein dauernd changierendes Wechselspiel unterschiedlicher Facetten der eigenen Person – je nach Beziehungslage.

Dem Zeitgeist entsprechend sind viele Zuschreibungen psychologischer Art. Eine in unserer flexiblen Zeit wichtige Frage ist übrigens die nach den mit und durch eine Beziehung erfahrbaren Entwicklungschancen – auch dies macht Beziehung nicht gerade leichter.

Man verlangt von einer Beziehung oft mehr als Zufriedenheit. Man verlangt von ihr die Ermöglichung der eigenen Entwicklung. Wenn einer (eine) aussteigt aus einer Beziehung, dann wird das sehr oft auf die »neuen« Entwicklungsmöglichkeiten bezogen. »Ich bin hier viel freier, ich kann mehr ausprobieren, ich habe ein anderes Gefühl für mich«, und über die alte Beziehung heißt es: »Ich war allzu eingeengt.« »Ko-Evolution« heißt das Stichwort in vielen Analysen der Partnerschaft. Aber nicht nur in der Partnerschaft soll sie gewährleistet sein.

Alle diese Anforderungen verlangen so etwas wie »Arbeit«, heißt es oft. Man muß sich Freundschaften, Partnerschaften oder das Mutter-Vatersein »erarbeiten«. Handbücher, Ratgeber, Zeitschriften und Kolumnen, von Psychologen meist fachkundig betreut, helfen dabei, »Beziehungsarbeit« richtig zu organisieren. Und das heißt natürlich auch: sie kreativ zu gestalten.

Aber natürlich hat jede Art von Beziehungsarbeit ihre eigenen Gesetzmäßigkeiten, Schwierigkeiten und Erfolgserlebnisse.

Was nun die »richtige«, die jeweils »adäquate« Lebensform ist, das entscheidet nicht mehr der Beichtspiegel oder das Reglement des Militärs. Das entscheidet neuerdings eine andere Instanz, nämlich das Gefühl für die »Authentizität« der Person. Charles Taylor, ein Sozialphilosoph, der die modernen Beziehungen analysiert hat, nennt unsere Kultur daher eine Authentizitätskultur. Das heißt, wir hören nicht mehr unbedingt auf äußere Stimmen, sondern durchgängig auf die innere Stimme, auf das, was ich als authentisches Gefühl, in innerer Evidenz weiß und spüre. Wie man weiß, ist dieses Gefühl aber nichts, was unsere Unsicherheit endgültig beheben kann. Gerade dieses Gefühl ist sehr labil, sagt immer wieder etwas anderes, aber im jeweiligen

Augenblick haben wir den Eindruck, es betrüge uns nicht. Wir müssen ihm folgen und nicht irgendwelchen vorgeformten Normen. Das »Authentische erfühlen«: auch das hat Anklänge an die Kunst und verlangt Sublimierungsarbeit.

Und auch hier liegen wieder Schwierigkeiten mit der Partnerschaft minengleich verborgen. Denn die eigene Authentizität muß und kann vom Partner nicht unbedingt anerkannt werden. Ja, es kann Verzweiflung auslösen, daß der oder die andere, der vor einiger Zeit so überzeugt von der Wichtigkeit der Treue geredet hat, nun plötzlich mit großer Sicherheit (innerer Evidenz) davon ausgeht, daß gerade diese Treue sie oder ihn an der persönlichen Entwicklung hindere.

Mit einem Wort: Auch Authentizität ist nichts, worauf man sich letzten Endes stützen kann, obwohl sie von vielen Menschen recht hartnäckig als das angesehen wird, was inmitten einer Welt der Unsicherheit eine gewisse Ordnung schafft. Es ist also bei der Gestaltung von Beziehungen – und vor allem bei der Gestaltung von Liebesbeziehungen auch die kreative Unruhe nötig, die immer wieder neue Versuche am »Kunstwerk« ermöglicht, die immer wieder verbesserte Versionen erforderlich macht. Und wie bei der Schaffung eines Kunstwerks ist auch hier das Scheitern immer wieder möglich.

Was aber ist eigentlich anders und kreativ bei den »Ungewöhnlichen Geschichten« gegenüber den alltäglichen?

Es ist zum einen die Tatsache, daß die Protagonisten dieser Handlungen sich weitgehend von Klischees freigemacht haben. Für alle diese Problemkonstellationen liegen Fertigteile parat. Die Handelnden haben sich ihrer nur selten bedient. Sie haben sich von überkommenen Vorstellungen und Vorurteilen freigemacht. Das hat ihre schöpferischen Kräfte freigesetzt und sie trotz oftmals widrigster Umstände zu einer Lebens- und Liebeszufriedenheit gelangen lassen, die selten ist.

Die Freiheit von Vorurteilen ist an sich schon eine große Leistung in einer Gesellschaft, die für jede Lebensform Vorbilder liefert – sei es in Form von TV-Serien, sei es in Form von Handbüchern zur »Kunst des Lebens, Liebens, Streitens, Zusammenlebens...« etc. Daß es sich dabei nicht um Kunst handeln kann (nicht einmal um Kunsthandwerk?), versteht sich. Kunst entsteht nicht per Schnittmusterbogen. Allenfalls kann man sich ein wenig Hilfe holen, damit man Anregungen bekommt. Die schöpferische Ausgestaltung aber geschieht ohne Vorlage.

Das Abstreifen der Vorlagen allein aber führt natürlich noch nicht zur Kunst des Liebens und Lebens. Es ist vielmehr eine besondere Hinwendung zum eigenen Inneren, eine Begabung dafür, zu wissen und zu spüren, was man sich selbst und dem anderen »zumuten« kann an Frustrationen und Leid. Denn offensichtlich ist gelebte Liebe ohne Leid und Frustration nicht zu haben. Wieviel von diesem Leid dem anderen jeweils mitgeteilt wird, wieviel man mit sich selbst abmachen muß; welche Anteile der Frustration mitteilenswert sind oder ob man sich allein damit auseinandersetzt: all das muß sehr sensibel gespürt werden.

In unserer psychologieversessenen Zeit setzt man viel auf die »Aussprache«. Wie man immer wieder sehen kann, werden aber auch die Beziehungen der »Seelenspezialisten« nicht sehr viel anders gelebt als die der übrigen Bevölkerung, wie ich in meiner Untersuchung über den Beruf des Psychotherapeuten feststellen konnte. Wenn wir uns in der Literatur z.B. des 19. Jahrhunderts umsehen (z.B. bei Fontane), dann sind es ganz und gar nicht die großen Aussprachen über seelische Vorgänge, die eine Beziehung regeln. Graf Bodo und Lene in *Irrungen, Wirrungen* verständigen sich über die Schwierigkeiten und Unmöglichkeit ihrer Liebe über ein Symbol: Lene weigert sich, einen Blumenstrauß, den sie für Bodo gepflückt hat, mit einem eigenen Haar zuzubinden, weil dies, wie sie sagt, ein Leben lang bindet. Bodo verlangt aber genau dies, und beide wissen, daß in dieser für die damalige Zeit unmöglichen Geschichte (Graf und Gärtnerstochter) ein Leben lang Leid und Sehnsucht verborgen liegen werden.

In den »Ungewöhnlichen Geschichten« wird nicht besonders viel an Beziehungsgesprächen geschildert. Viele dieser Geschichten spielen in den fünfziger und sechziger Jahren. Damals hat man noch nicht so sehr auf die »Problemklärung« gesetzt. Vieles blieb auch unausgesprochen und war damit vielleicht in manchen Fällen besser zu bearbeiten, als noch so viele Aussprachen es vermögen. Aber auch dabei ist innere Wachsamkeit zu beachten: Manchmal muß auch gesprochen werden; die Balance zu finden zwischen dem Abwarten, dem Aussprechen und dem klaren Entschluß zu einer Veränderung: eben dies ist es, was die Liebe zu einem Kunstwerk macht.

Was aber befähigt Menschen zu dieser Leistung?

Es ist – und diese Leistung ist wohl das Wichtigste – ein Absehen vom eigenen Narzißmus, ohne daß man in eine Märtyrerhaltung (die übrigens auch narzißtisch ist) verfällt. Dies gelingt all diesen Menschen zumindest in der Situation ihrer Liebe. Wie narzißtisch sie sonst auch sein mögen (bei Louis zum Beispiel sehr ausgeprägt): im wichtigsten Bereich ihres Lebens, nämlich in ihrer Liebe, können sie diesen Narzißmus aufgeben. Spürend, ahnend, daß sich neue Möglichkeiten des Lebens und Erlebens auftun, handeln sie nicht sofort triebbestimmt, sondern gönnen sich eine innerliche Pause. In dieser Pause wird klar, daß der Partner (die Partnerin) einbezogen werden muß in das Kunstwerk des gelingenden Liebeslebens. In dieser Interaktion wird ausgehandelt, wie jeder zu seinem Recht kommt, ohne daß der andere allzuviel aufgeben muß. Es ist aber die Art des Aushandelns, die darüber entscheidet, ob dies gelingen kann.

Die vielleicht wichtigste Komponente dabei ist: daß möglichst wenig Schuldgefühle erzeugt werden. Nichts behindert Liebe mehr als Schuldgefühle. Gerade dies aber dominiert in vielen Beziehungen, weil natürlich nie alle Wünsche erfüllt werden können, weil Enttäuschung nicht ausbleibt. In dem Maße, wie der Partner (die Partnerin) Erbe der ersten Beziehungen in der elterlichen Familie ist, wird auch Schuldgefühl »vererbt«, denn auch die Eltern haben enttäuscht, sowie man selbst die Eltern enttäuschen mußte. Das Gefühl, man sei dem anderen etwas schuldig geblieben, darf nicht eingefordert werden, es darf nicht zum Angelpunkt der Beziehung werden – selbst wenn dies eindeutig so ist wie bei Käthe und Max. Hätte Käthe auf ihrer ersten Reaktion beharrt, dann wäre sie wohl um ein schönes und befriedigendes Stück Leben mit Max betrogen worden. Zu spüren, wieviel man in einer Beziehung dem anderen an Schuldgefühlen zumuten kann: das ist eben das Kunststück das hier geleistet werden muß.

Eine andere wichtige Komponente liegt darin, daß jeder dem anderen irgendwie klar machen muß, daß er ihn (sie) anerkennt in seinen besonderen Begabungen und Möglichkeiten. Dies müssen nicht Begabungen im herkömmlichen Sinn sein. Eher sind es die kleinen Eigenarten, Besonderheiten des Aussehens, der Bewegung, der Stimme, die Begabung einen Tisch zu decken oder Geschenke zu verpacken, die beachtet werden müssen und in dieser Beachtung beitragen zum Selbstwertgefühl des anderen. Es ist dies das »Steigen« im Sinne Musils, wenn er davon spricht, daß man die Bedeutung einer Liebe daran erkenne, daß man in ihr »steigt«; dieses »Steigen« bedeutet nichts Großes, es ist vielmehr die Begabung, im Kleinen die Besonderheit zu finden. Dies ist den Darstellern der geschilderten Geschichten gelungen.

Man darf sich diesen Prozeß nicht als einen einmaligen vorstellen. Das Erspüren der Begabungen und Möglichkeiten des anderen muß immer wieder neu geleistet werden – vor allem dann, wenn man gerade Ärger oder Unmut spürt oder – vielleicht noch wichtiger: wenn der (die) andere dabei ist, sich neu zu orientieren. »Seit einiger Zeit habe ich das Gefühl, daß du sehr viel gelassener umgehst mit dem Problem meiner Schweigsamkeit« oder »Ich habe mich gefreut, daß du mit meiner Freundin Margarete jetzt so viel freundlicher sein kannst« – das gibt Hilfestellung und Lob in einem.

Neben der Innovationsfreudigkeit, die den geschilderten Liebesgeschichten innewohnt, fällt außerdem immer wieder auf, daß die Protagonisten sehr viel Geduld aufbringen – auch dies übrigens ein Merkmal vieler Künstler, wenn sie immer wieder neu versuchen, ihrem Kunstwerk eine neue Facette abzuringen, es immer vollkommener zu machen. Daß man »dran bleibt« an seiner Liebe – Hindernissen zum Trotz – das ist in einer schnellebigen Gesellschaft besonders wichtig und besonders zu betonen. Wenn das Alterspaar Hermann und Maria sich nach dem mißratenen Urlaub getrennt hätte, wären ihnen sehr glückliche Jahre verlorengegangen. Ihre Bereitschaft, sich hinterfragen zu lassen (und das sogar mittels professioneller Hilfe), zeigt, daß sie nicht erstarrt und nicht allzu narzißtisch sind. Keiner beharrte »auf seinem Recht«.

Sich in die Bedürfnisse des anderen einzufühlen ist natürlich oft schwer. Daß »andere anders« sind, weiß man zwar, wie schmerzlich anders sie aber sein können, das muß man erfahren und erleben und dann auch aushalten können.

Liebesgeschichten, die nicht vom Rollendenken her geprägt sind, die wenig Vorbilder im traditionellen Sinn haben, verlangen ein besonderes Maß an innerer und äußerer Aufmerksamkeit. Liebe muß gerade in unserer Zeit immer wieder neu »erfunden« werden. Wer meint, sich an Vorbilder anlehnen zu können, hat – wie auch in der Kunst – schon verloren.

Empfohlene Literatur

Baumgart, H., *Liebe, Treue, Eifersucht. Erfahrungen und Lösungsversuche im Beziehungsdreieck,* Reinbek: Rowohlt, 1988

Baumgart, R., *Liebesspuren. Eine Lesereise durch die Weltliteratur,* München: Carl Hanser Verlag, 2000

Bergmann, M. S., *Eine Geschichte der Liebe. Vom Umgang des Menschen mit einem rätselhaften Gefühl,* Frankfurt a. M.: Fischer, 1999

Kernberg, O. F., *Liebesbeziehungen. Normalität und Pathologie,* Stuttgart: Klett-Cotta, 1998

Klotter, Ch. (Hrsg.), *Liebesvorstellungen im 20. Jahrhundert,* Gießen: Psychosozial-Verlag, 1999

Matt, P. v., *Liebesverrat. Die Treulosen in der Literatur,* München: dtv, 1991

Miller, M. V., *Liebe macht Angst. Wege aus dem Beziehungsterror,* München: Carl Hanser Verlag, 1997

Reik, Th., *Von Liebe und Lust. Über die Psychoanalyse romantischer und sexueller Emotionen,* Frankfurt a. M.: Fischer, 1949/1985

Whitebook, J., *Sublimierung: ein Grenzbegriff,* in: Psyche 1996, 50, S. 850–880